L'exil intérieur

Du même auteur

AUX PRESSES UNIVERSITAIRES DE FRANCE

L'Exil intérieur, *1975*

Freud. Jugements et témoignages, *1976*

La Folie, *coll. « Que-sais-je ? », 1979*

Freud, *coll. « Que-sais-je ? », 1983*

La Tentation nihiliste, *1989*

AUX ÉDITIONS GRASSET

Les Chemins de la désillusion, *1979*

Lou. Autobiographie fictive de Lou Andreas-Salomé, *1982*

L'âme est un vaste pays, *1983*

Des femmes disparaissent, *1985*

L'Ombre d'une frange, *1987*

Manifeste pour une mort douce, *1992*

CHEZ D'AUTRES ÉDITEURS

L'Homme aux loups, *Éditions universitaires, 1973*

Louise Brooks, portrait d'une anti-star (dir.)
Phébus, 1977 ; Ramsay, 1985

Dictionnaire du parfait cynique (illustré par Roland Topor)
Hachette, 1982

Histoire de la psychanalyse (dir.)
2 vol., Hachette, 1982 ; Livre de poche, 1985

Sugar baby (dessins de Christophe Krafft)
Le Castor astral, 1986

Flirt en hiver, *Plon, 1991*

Roland Jaccard

L'exil intérieur

Schizoïdie et civilisation

Presses universitaires de France

POUR THANH-TÂM

En couverture : Francis Bacon, *Portrait de Georges Dyer parlant*, 1966.
Photo Lauros-Giraudon.
Coll. privée, Dr and Mrs Benenson-Rosetsky, New York.

ISBN 2.02.005010.2

Dans la meilleure des hypothèses, le monde n'est qu'une vaste collection d'individus s'efforçant de simuler un bonheur qu'ils n'éprouvent pas.

Samuel JOHNSON.

Avant-propos

Ce livre est né d'une expérience et d'une question.

Dans le train qui me ramenait de Zurich à Lausanne, durant l'été 1974, j'observais dans le wagon-restaurant la soixantaine de dîneurs solitaires, pour la plupart des hommes, répartis par tables de quatre. Ils mangeaient en silence, sans lever les yeux ou alors le regard absent, perdu. Personne ne voyait personne. Personne ne parlait à personne. La campagne helvétique, éclaboussée de soleil, avec ses maisonnettes propres et ses champs ondoyants, était aussi abstraite que la nourriture que l'on me servait, que ce wagon silencieux.

Le repas terminé, mon voisin, un solide Helvète d'une cinquantaine d'années, au visage franc et buriné, commanda un kirsch. Il plongea un sucre dans son verre et, de satisfaction, me sourit; je répondis à son sourire par un sourire. Il plongea alors un second sucre dans son kirsch et, l'espace de quelques secondes, tendit imperceptiblement sa main dans ma direction; vraisemblablement, il souhaitait que je goûte le canard *qu'il avait préparé à mon intention. Mais entre nous, entre nos corps, il y avait un mur. Un mur infranchissable. Son geste avorta.*

Ces hommes dans ce wagon-restaurant vivaient avec l'idée que chacun est un îlot; un îlot à respecter. Et qu'on n'entre pas impunément en contact avec ses semblables.

Aussi ne s'adressaient-ils pas la parole. Mais dans leur silence, que de dialogues angoissés, souriants ou exaltés ! Dialogues avec un fils, une mère, une maîtresse, un patron — intériorisés. *Dans notre imaginaire, que d'êtres réels et inventés que nous construisons et reconstruisons, modelons et remodelons sans fin ! Nous ne parlons plus à autrui; nous dialoguons avec autrui en nous. Cela m'apparut alors clairement.*

L'exil intérieur, c'est ce retrait de la réalité chaude, vibrante, humaine, directe; et le repli sur soi; la fuite dans l'imaginaire. Voilà à quoi je songeais dans ce wagon-restaurant.

Restait une question : comment l'homme, animal social et sociable (tout au moins me l'avait-on enseigné) en était-il arrivé à se couper d'autrui? Par quel processus la sphère du privé, *de l'*intime, *à laquelle nous tenons souvent plus qu'à nous-même, nous a-t-elle conduit à cette schizoïdie généralisée ?*

C'est à cette question que cet essai entend apporter des éléments de réponse.

Je m'en voudrais enfin de ne pas dire d'emblée tout ce

que ma réflexion doit à des auteurs qui furent autant de phares : le philosophe Kostas Axelos, l'historien Norbert Elias, l'ethno-psychiatre Georges Devereux, le psychanalyste Thomas Szasz et, bien sûr, Sigmund Freud dont l'œuvre gigantesque constitue l'introduction la plus lucide et la plus forte à la compréhension de la détresse de l'homme de la modernité.

L'homme de la modernité

> *Hélas ! Le temps est proche où l'homme ne mettra plus d'étoile au monde. Hélas ! le temps est proche du plus méprisable des hommes, qui ne sait plus se mépriser lui-même !*
>
> F. NIETZSCHE.

De l'Age théologique à l'Etat thérapeutique

En 1760, dans la bonne ville de Lausanne, en Suisse, paraissent simultanément deux traités ayant pour thème la masturbation. Le premier est écrit par un médecin célèbre, le Dr Samuel-Auguste Tissot, l'Hippocrate des bords du Léman, l'ami de Jean-Jacques Rousseau, il porte pour titre : *l'Onanisme, essai sur les maladies produites par la masturbation;* le second a pour auteur le pasteur Dutoit-Membrini et il s'intitule : *De l'onanisme, ou discours philosophique et moral sur la luxure artificielle et sur tous les crimes relatifs;* l'ouvrage du pasteur menace les masturbateurs de l'enfer; celui du médecin, d'atteintes graves, irréversibles, de leur santé physique et psychique.

Curieusement, le livre du pasteur Dutoit-Membrini tombe rapidement dans l'oubli, cependant que celui du Dr Tissot, pendant plus d'un siècle, sera un *best-seller* régulièrement réédité — la dernière édition date de 1905 — qui engendrera d'innombrables sous-produits : *le Tissot moderne*, *Avis du Dr Tissot*, *les Souffrances du jeune Hubert*, etc.

Comparer le destin de ces deux ouvrages, c'est tracer une ligne de partage, comme nous le verrons[1], entre l'idéologie religieuse et l'idéologie médicale; dès le XVIIIe siècle, nous passons graduellement, insensiblement, de l'Age théologique à l'Etat thérapeutique; la figure du médecin se substitue à celle du prêtre, celle du psychiatre à celle de l'inquisiteur; les catégories du sain et du malsain à celles du pur et de l'impur, et dans les relations sociales, celles de mature et d'immature à celles d'orthodoxe ou d'hérétique, de pécheur ou de non-pécheur; et, bien entendu, la santé prend la place du salut. Dorénavant, les miracles ne seront plus demandés aux saints, mais aux laboratoires médicaux et pharmaceutiques.

Quant à la charité au sens médiéval et chrétien du terme, comme l'observe Ivan Illich, elle disparaît des cieux comme de la terre. L'appel au secours, pour être socialement recevable, doit prendre la forme d'un désordre organique, exogène, indépendant de la volonté du sujet.

L'idéologie médicale, même, surtout si on ne le voit pas, domine notre époque. Les humains,

1. Voir notre quatrième chapitre : « Stratégie médicale et hypothèse masturbatoire ».

éperdus d'espoir, vibrants d'illusions — ou alors cyniques désabusés —, croient encore aux idéologies politiques. Pourtant, sur l'échiquier du monde, les jeux sont faits. La *normalisation* de nos conduites, de notre être, par la médecine et par la psychiatrie, importe plus, a plus de poids que les idéologies politiques.

L'homme de la modernité naît à l'hôpital, est soigné à l'hôpital quand il est malade, contrôlé à l'hôpital pour voir s'il est bien portant, renvoyé à l'hôpital pour mourir dans les règles — c'est-à-dire *petitement* et *convenablement*. Il vit dans une sorte de bulle thérapeutique aseptisée, chimisée, tranquillisée, stimulée, régulée, contrôlée en permanence[1]. Comme le remarque encore Ivan Illich, l'idéologie médicale l'a dépossédé d'un des derniers fondements de sa souveraineté — son rapport à sa vie, à son corps, à sa mort — au profit des mêmes méga-institutions et méga-machines qui, nées de la concentration du capital et de la généralisation des rapports marchands, règlent le reste de sa vie.

Le dernier des hommes

Il y a près d'un siècle, Nietzsche comparait l'humanité de demain à une plage de sable; tous

1. Voir l'étude de Michel Bosquet, Quand la médecine rend malade, dans *Le Nouvel Observateur* des lundis 21 et 28 octobre 1974.

les humains, disait-il, seront très égaux, très ronds, très conciliants, très ennuyeux.

Si le surhomme nietzschéen est resté de l'ordre du mythe, le *dernier des hommes*, en revanche, s'est réalisé historiquement : c'est l'homme de la modernité; l'homme des masses, satisfait de sa petite culture, de ses petites vertus, de son bonheur de petit drogué, imbu de morale égalitaire parce que incapable de commander, méprisable parce que incapable de mépriser[1].

Comment ne pas voir avec Nietzsche que nous sommes et resterons ces derniers hommes qui, après l'ère du platonisme, du christianisme et du socialisme, vivent, en le consommant et en se consommant, le nihilisme et que, d'autre part, le nihilisme d'Européen tend à devenir planétaire ? Les derniers hommes sont d'une espèce quasiment indestructible.

« Voici ! Je vous montre le dernier homme.

« Amour ? Création ? Désir ? Etoile ? Qu'est cela ? » Ainsi demande le dernier homme et il cligne de l'œil. La terre sera devenue plus exiguë et sur elle sautillera le dernier homme, qui amenuise tout. Sa race est indestructible comme celle du puceron; le dernier homme vit le plus longtemps.

« Nous avons inventé le bonheur », disent les derniers hommes, et ils clignent de l'œil[2].

1. Olivier Reboul, *Nietzsche, critique de Kant*, Presses universitaires de France, 1974.

2. Dans le prologue de *Ainsi parlait Zarathoustra*, Gallimard.

L'homme de la modernité est effectivement un homme faible, désarmé, comme châtré. Isolé, également. Il est l'homme de la technologie froide et des affects morcelés; l'homme de l'exil intérieur. Schizoïde hors des murs de l'hôpital psychiatrique; schizophrène à l'intérieur de ces murs.

On nous rebat aujourd'hui les oreilles avec la libération sexuelle et la redécouverte du corps. Je serai, pour ma part, plutôt enclin à croire que la sexualité est une fonction à l'état d'involution et que nous nous désincarnons chaque jour davantage. A la sexualité et au corps se sont substitués des discours et des recherches sur la sexualité et sur la corporéité.

Déshumanisation de l'homme et désanimalisation de l'animal

Les statistiques concernant les animaux domestiques nous apprennent qu'on compte actuellement aux Etats-Unis environ 40 millions de chiens, autant de chats, 15 millions d'oiseaux et 10 millions d'autres bêtes à sang chaud vivant dans l'intimité de l'homme. En France, 8 millions de chiens, 9 millions de chats.

Ces statistiques nous en disent long également sur l'homme de la modernité. Car, enfin, pourquoi vouloir acquérir un animal domestique ? Pour meubler sa solitude ? Pour exercer son autorité ?

Certes. Mais l'animal domestique est de plus en plus recherché comme *super-gadget* — c'est pour l'homme, sédentarisé et comme désincarné par la mécanisation, une merveille d'automatisme, une force dont la complexité, la souplesse, ne peuvent être égalées. C'est également le rappel d'un dynamisme vital qu'il n'est plus sûr de posséder encore[1].

En outre, si jadis l'animal sauvage était ce qu'il devait être : un intermédiaire entre l'homme et la nature, l'animal domestiqué est devenu aujourd'hui un intermédiaire entre l'homme et sa nostalgie de la nature.

Pierre Gascar dit justement que déshumanisation de l'homme et désanimalisation de l'animal vont de pair. C'est dire que les progrès de la zoophilie sont loin d'apparaître comme un signe de la bonne santé mentale de nos contemporains. L'animalité brute, le corps et le sexe ont disparu de la vie de l'homme de la modernité; ils ne s'offrent plus à lui que sous la forme d'artifices[2], c'est-à-dire dénaturés. Et d'artifices parfois inquiétants.

Parmi ces artifices, je songe à ces animaux sauvages, de préférence rares ou étranges par leur aspect ou leurs mœurs. Guépards, renards, chacals, serpents, petits crocodiles, vampires, etc., se comptent aujourd'hui par milliers à Paris, comme à Londres ou

1. Pierre Gascar, *L'Homme et l'Animal*, Albin Michel, 1974.
2. Ce qui explique le succès et la prolifération des films pornographiques.

New York, et laissent parfois percer, à travers les portes palières des immeubles bourgeois (ces animaux sont chers) un cri, un appel, aussi troublant que ceux qui nous parviennent par-dessus les murs d'un asile d'aliénés. « La sauvagerie ou l'aspect effrayant de la bête, écrit Pierre Gascar, donne à la solitude de la personne qui l'élève un caractère inaccessible. Il y a même là un petit relent de diabolisme. L'amateur de vampires ou de crocodiles s'abrite d'autrui et du monde à l'intérieur d'un pseudo-cauchemar. »

Le petit-bourgeois, ultime figure de l'histoire

Ultime figure de l'histoire, le petit-bourgeois est prêt à souscrire à tous les slogans incantatoires et *libérateurs* qui s'étalent sur les murs de nos modernes mégapoles : nous sommes tous des homosexuels, des pervers polymorphes, des masturbateurs, des nécrophiles, des coprophages, des psychotiques... La culpabilité sexuelle, partagée par la communauté, se dilue; sous-tendue par des idéaux révolutionnaires, elle acquiert même une certaine respectabilité... ce qui n'empêche pas par ailleurs les rêves et la réalité petite-bourgeoise (l'image fallacieuse du bonheur confondue avec celle de la sécurité) de s'étendre planétairement.

« On ne le voit pas, mais cela ne fait rien, écrit encore Kostas Axelos, l'époque marche vers l'instauration d'une médiocrité et d'une insignifiance mondiales et planétaires. Ce qui sommeillait depuis si longtemps tend à la domination de la terre. Puissamment aidé par la technique, sur laquelle les sots naïfs et les sots savants continuent leurs élucubrations proclamant sa domestication, quand il est clair que c'est elle qui nous domine. L'époque des derniers hommes et des derniers des hommes durera. Très, très longtemps. »

Ce sera, c'est déjà, l'ère des grandes termitières où chacun sur l'échiquier réglé jouera avec la dernière énergie qui lui reste (c'est-à-dire *peu*, précise Axelos) son rôle de réactionnaire, centriste, révolutionnaire ordonné ou gauchiste désordonné dans un monde *sans* alternative où *tout* sera devenu critiquable et où la prolifération des utopies assurera de manière commode et anodine le *bon* fonctionnement des institutions existantes.

Nécessaire, lui aussi, au *bon* fonctionnement des institutions, le psychanalyste, quels que soient ses penchants théoriques ou pratiques, continuera à jouer son rôle de *médiateur*, de *rassembleur* d'affects morcelés.

Peu importent les justifications qu'il se donnera : l'amour du prochain, l'intérêt scientifique, l'activisme révolutionnaire, l'appât du gain, la sublimation de son sadisme; l'essentiel est qu'il tienne son rôle, rien par ailleurs ne lui interdisant d'en changer (mobilité socio-professionnelle et technocratie vont de pair), mais c'est un beau rôle, un rôle d'avant-scène, que l'on ne troque pas volontiers contre un autre.

L'homme de la modernité, que le poète grec Dimitri T. Analis a dépeint sous les traits du « jeune cadre dynamique (et impuissant) dans son Tergal infroissable », est un sujet très individualisé, très centré sur lui-même, très conflictualisé, peu *socialisé*, avec des représentations inconscientes surinvesties et très personnalisées. Dans son attaché-case, il promène autour du monde sa névrose, ses petites angoisses et sa grande solitude.

La maladie, « voie royale » dans l'appréhension de l'humain

Georg Groddeck, au début de ce siècle, Groddeck auquel il faudrait toujours revenir, lui qui disait si justement que les trois seuls compagnons de l'être humain du berceau à la tombe sont le sang, l'urine et les excréments, Groddeck, donc, avait vu que dans nos sociétés et idéologies aseptisées, la maladie, retour de la biologie septique, est la *voie royale* dans l'appréhension de l'humain.

Plus que la sexualité, en effet, la maladie, aujourd'hui, est le dernier lieu, la dernière possibilité d'une création individuelle; perversion polymorphe du corps, elle est mise en jeu de toutes ses possibilités d'être. « Contrairement à la sexualité, écrit Lewinter, qui est naturellement enfantine mais s'est trouvée compromise, socialement aliénée, elle est restée le domaine — le seul — laissé à la liberté de l'individu, où peut s'exercer *sauvagement* sa créativité. » C'est incidemment pourquoi chaque individu est si fier de ses maladies et s'en vante comme d'exploits accomplis envers et contre tous, par-devers soi[1].

La maladie, Groddeck le dit explicitement, est une création, comme une œuvre d'art, bien souvent la seule dont soit encore capable l'individu dans son aliénation; d'où son caractère pathétique de dernière instance, lieu et cri, constitué à corps perdu, romantiquement : au prix de la vie. On retrouve là Thomas Mann, et toute une tradition romantique, pour qui art et maladie, art et renoncement à la vie, se confondent également comme fuite hors de la communauté humaine, aliénante et aliénée, refuge de l'individualité retrouvée, inaltérée, mais aussi inexorable.

La maladie est effectivement la *montagne magique* de l'individu, mais où celui-ci trop souvent meurt, sans même avoir compris comment et pourquoi; incité à s'en remettre à *ceux qui savent*, il est dépossédé

1. Roger LEWINTER, *Groddeck et le Royaume millénaire de Jérôme Bosch*, Ed. Champ libre, 1975.

de sa maladie, l'idéologie médicale sapant la capacité d'autonomie des individus plus radicalement encore que ne le faisaient les prêtres.

Le propos de la psychosomatique, telle que l'entend Groddeck, est à l'opposé de ce mouvement d'expropriation. Pour lui, l'individu doit pouvoir non seulement mourir en paix dans *sa* maladie, mais également y vivre, par la lucidité acquise qui ferait qu'il renoncerait à la maladie sitôt qu'elle deviendrait *inadéquate* : excessive ou irrémédiable; pour s'actualiser en d'autres jeux, non plus de mort, mais d'amour; car la lucidité, comme sagesse, est réconciliation avec le corps merveilleux — sexuel — de l'enfance.

Perspective proche de celle de Nietzsche. Est-il nécessaire de rappeler que Nietzsche, lui non plus, ne concevait pas la maladie comme un événement affectant du dehors un corps-objet, un cerveau-objet ?

Dans la maladie, il voyait plutôt un point de vue sur la santé; et dans la santé, un point de vue sur la maladie. « Observer en malade des concepts plus sains, des valeurs plus saines, puis, inversement, du haut d'une vie riche, surabondante et sûre d'elle, plonger les regards dans le travail secret de l'instinct de décadence, voilà la pratique à laquelle je me suis le plus souvent entraîné [1]. »

1. Frédéric NIETZSCHE, *Ecce Homo*, Ed. Denoël-Gonthier, 1971.

Cette mobilité même est une santé supérieure, ce déplacement, cette légèreté dans le déplacement sont le signe d'une *grande santé*; c'est pourquoi Nietzsche peut dire jusqu'au bout (c'est-à-dire en 1888), je suis le contraire d'un malade, je suis bien portant dans le fond.

Groddeck, lui, radicalisant la pensée freudienne, dont on se souvient peut-être qu'elle a relativisé jusqu'à les effacer les distinctions entre sain et pathologique psychiques, nie toute distinction entre sain et pathologique organiques. « Il supprime, écrit Lewinter, la dichotomie, précisément pathogène — idéologique — entre santé et maladie ; et s'il prend la maladie toujours au mot, c'est pour lui répliquer : poursuivre l'entretien de la vie dont la maladie signale une stase momentanée, mais qui, incomprise, peut devenir définitive : mortelle. »

En définitive, ce que Groddeck vise, c'est moins de changer la maladie que l'attitude de l'être humain vis-à-vis de la maladie. Son dessein est de lui en montrer, à chaque fois, le caractère sensé, pour qu'il puisse l'intégrer et non pas, comme c'est généralement le cas, s'y désintégrer. Et, par cette compréhension reconstituée, lui restituer sa pleine liberté : faire que la maladie — son être même — ne soit plus une perversion classique, adulte, mais à nouveau enfantine, véritablement, invention continue et non pas arrêtée...

Si vous ne redevenez pas comme de petits enfants, vous n'entrerez pas au Royaume de Dieu, message évangélique qu'il est également loisible de comprendre psychanalytiquement.

Dépsychiatriser l'individu et psychiatriser la société

L'homme de la modernité se vit à travers ses troubles; s'il les revendique comme son bien le plus précieux, sa production la plus personnelle, la plus authentique (la normalité est une valeur en baisse), il en rejette simultanément la responsabilité sur les *autres* : la famille, l'école, le travail, la société. Il les assume mal. Les défaillances sexuelles, les insomnies angoissées, le sentiment d'être étranger, bizarre, *ailleurs* ou simplement inférieur le conduisent chez le psychothérapeute, dernier recours individuel (il y a bien sûr les recours collectifs : politiser sa névrose) de sa détresse subie, jouée ou inventée.

Le travail du psychanalyste sera de substituer à des jeux fermés, à des jeux pauvres (c'est-à-dire sans imagination et sans affect) des jeux ouverts. Ouverts sur quoi ? Sur le jeu du monde. Ou, comme le dit Axelos, sur l'être en devenir de la totalité fragmentaire et fragmentée du monde multidimensionnel et ouvert. Sereinement.

C'est dire combien nous semble judicieuse dans cette perspective la définition de la psychothérapie proposée par D. W. Winnicott : « La psychothérapie se situe dans le chevauchement de deux aires de jeu, celle du patient et celle du thérapeute. La psychothérapie a affaire à deux personnes qui jouent ensemble. »

Ne nous illusionnons pas cependant : la psychanalyse n'est jamais qu'une prothèse d'une belle fragilité — nos symptômes névrotiques et psychotiques étant systématiquement encouragés par quelques-uns des aspects les plus importants de notre civilisation moderne.

Aussi comprend-on que la tendance de la psychiatrie/psychanalyse contemporaine soit de dépsychiatriser le malade et de psychiatriser la société; ici, comme ailleurs, on commence par chercher des causes et l'on finit par trouver un coupable.

Le coupable est tout désigné : nos sociétés techno-bureaucratiques et social-capitalistes. Ne sont-ce pas elles qui fournissent un contingent sans cesse croissant de malheureux aux gigantesques machines à analyser (et à guérir ?) qui ont été mises en place, sous forme d'offices médico-pédagogiques et de polycliniques psychiatriques, par des gouvernements prévoyants ? Certes; chacun en convient. Mais poser le problème en ces termes reste insuffisant. Ce qu'il nous faut interroger, c'est le processus de civilisation lui-même.

Sereinement, là encore. Sans chercher de victimes sacrificielles (on les trouve toujours) ; sans oublier non plus le mot de Lao-Tseu : « Si tu veux parvenir à la vérité tout entière, ne t'occupe pas du bien et du mal. Le conflit du bien et du mal est la maladie de l'esprit. »

Résignation et refoulement

Doute de tout !

Devise de Karl MARX.

Névrose et civilisation

« La jeunesse, écrivait Antonin Artaud, a un rêve de vie et c'est après la vie qu'elle court, mais cette vie elle la poursuit si on peut dire dans son essence : elle veut savoir pourquoi la vie est malade et ce qui a pourri l'idée de vie. »

A cette question, Freud répond : névrose et civilisation ont partie liée; la civilisation repose sur le refoulement des instincts sexuels et agressifs; sans refoulement, pas d'évolution culturelle.

On a beaucoup critiqué, et on continue de le faire, cette conception de Freud qui lie inéluctablement le processus de civilisation et la répression des pulsions sexuelles et agressives. Mais a-t-on jamais apporté la preuve d'une civilisation qui eût pu se développer sans recourir à cette répression? interroge André Green. Roheim lui-même, se risquant, tâche périlleuse, à l'énumération des aspects les plus importants de la nature humaine, plaçait l'attitude anti-sexuelle de tous les êtres humains au premier rang.

Plus optimistes que Freud ou Roheim, Wilhelm Reich et Herbert Marcuse préconisent, eux, un nouveau type de société où libération instinctuelle et processus civilisateur coexisteraient, prenant ainsi le contre-pied de Freud, Freud qui écrit dans *Malaise dans la civilisation* : « Il est impossible de ne pas se rendre compte en quelle large mesure l'édifice de la civilisation repose sur le principe du renoncement aux pulsions instinctives, et à quel point il postule précisément la non-satisfaction de puissants instincts. »

Utopistes, Reich et Marcuse font figure à côté de Freud d'idéologues du *demain on rase gratis*. Mais ni demain, ni après-demain, on ne rasera gratis; au contraire, la civilisation exige chaque jour de plus grands sacrifices; organiquement — et la question court tout au long de l'œuvre freudienne —, nous ne sommes peut-être pas faits pour une culture qui demande à l'homme plus qu'il ne peut donner.

A sa grande amie, Lou Andréas-Salomé, Freud écrit ceci — qui résume bien sa pensée : « Voici ma secrète conclusion : puisque nous ne pouvons considérer notre civilisation actuelle — la plus évoluée de toutes — que comme une gigantesque hypocrisie, il doit s'ensuivre qu'organiquement nous ne sommes pas faits pour elle. Il faut abdiquer, et le Grand Inconnu, lui, ou le Grand Manitou, dissimulé derrière le destin, renouvellera cette expérience avec une race différente. »

La liste des restrictions imposées par la civilisation dans le domaine sexuel est longue : prohibition de l'auto-érotisme, des satisfactions prégénitales, des perversions, de l'inceste. Limitation des relations érotiques à un seul sexe et, à la limite, à un seul partenaire; la vie sexuelle de l'homme civilisé donne l'impression d'une fonction à l'état d'involution, comme paraissent l'être en tant qu'organes nos dents et nos cheveux. Il faut admettre, dit Freud, que la fonction sexuelle a sensiblement diminué d'importance en tant que source de bonheur; rien d'étonnant à cela : le bonheur n'est pas inscrit dans le programme de la civilisation. D'où la grande différence entre le barbare et l'homme civilisé : le premier cherche le plaisir, le second cherche à éviter le déplaisir.

En outre, Freud n'est pas aveugle au fait que la civilisation est injuste, c'est-à-dire qu'elle est construite de manière à assurer le bien-être d'une minorité au détriment de la majorité des *classes lésées*. Il n'est pas étonnant, dans ces conditions, que l'hostilité envers la civilisation soit l'attitude généralisée et que, dans les classes opprimées, l'intériorisation des interdits culturels soit absente, ou génératrice de rancœur. Conclusion : « Inutile de dire qu'une civilisation qui laisse insatisfaits un aussi grand nombre de ses participants et les conduit à la rébellion n'a aucune perspective de se maintenir de façon durable et ne le mérite pas. »

Freud n'a jamais cessé, tout au long de son œuvre, de mettre l'accent sur l'influence de la civilisation comme cause déterminante des névroses. Dans *l'Abrégé de psychanalyse*, son dernier livre, rédigé sur son lit de mort, il revient sur ce point : « Le barbare, il faut bien l'avouer, n'a pas de peine à se bien porter, tandis que, pour les civilisés, c'est là une lourde tâche. Le désir de posséder un moi fort, non inhibé, semble naturel, mais, ainsi que nous l'enseigne l'époque où nous vivons, cette aspiration est essentiellement contraire à la civilisation. »

Le sentiment de culpabilité

Ce que Freud indique également dans *Malaise dans la civilisation*, c'est que la société a la mainmise sur l'individu par l'intermédiaire du sentiment de culpabilité. Le sentiment de culpabilité tire son origine de la crainte d'être rejeté et puni[1].

Originellement, la crainte était liée aux parents. Mais la dépendance de l'enfant à ses parents n'était pas aussi prolongée qu'elle l'est aujourd'hui. Dans la société médiévale, par exemple, dès que l'enfant pouvait vivre sans la sollicitude constante de sa mère,

1. Si, pour l'animal prédateur, dans la jungle, la règle est : tuer ou être tué, pour l'être humain, dans la société, la règle est : être exclu ou n'être pas exclu.

de sa nourrice ou de sa remueuse, il appartenait à la société des adultes et ne s'en distinguait plus[1]. Gardons-nous donc d'oublier que l'enfance et l'adolescence sont des faits culturels et, d'une certaine manière, des inventions des XIXe et XXe siècles.

La dépendance et la culpabilité de l'enfant jouent aujourd'hui sur un laps de temps beaucoup plus long que par le passé; d'où l'intensité des sentiments de culpabilité; d'où aussi leur intériorisation. Cette intériorisation explique que plus le degré de culture est élevé, plus fort est le sentiment de culpabilité.

Aussi longtemps, observe Freud, que l'homme craignait uniquement un châtiment venu de l'extérieur, il pouvait se sentir « bien » si son comportement était conforme aux règles. Mais, lorsqu'il eut acquis une conscience plus civilisée, alors rien n'échappa au *surmoi*, pas même les pensées, et les pensées sont souvent *mauvaises*, malgré tout l'effort qu'il fait pour les contrôler. D'où ce paradoxe : plus l'être humain s'efforce d'être honnête, plus ses pensées lui apportent de tourments[2].

1. Cf. les travaux de Philippe Ariès et de Bruno Bettelheim.

2. Freud observe également que plus l'homme renonce à extérioriser son agressivité, plus s'accroît l'agressivité de son instance morale intériorisée. La maîtrise de l'agressivité, loin de provoquer une sorte d'apaisement des tensions internes — quelque chose comme la satisfaction du devoir accompli —, entraîne, au contraire, une augmentation de la tendance agressive de l'idéal envers le moi. Plus exactement : « ... toute fraction d'agressivité que nous nous abstenons de satisfaire est reprise par le surmoi et accentue sa propre agressivité (contre le moi). »

Sur ce point, Freud rejoint Nietzsche; Nietzsche qui écrit dans *Au-delà du bien et du mal* : « Ce qui fait le contenu de la conscience, c'est tout ce qui a été exigé de nous quand nous étions enfants, régulièrement et sans raison, par des personnes que nous vénérions et craignions. C'est donc de la conscience que vient ce sentiment d'obligation (il faut que je fasse telle chose, que je ne fasse pas telle autre) qui ne demande pas : pourquoi le faut-il ? (...) La foi en l'autorité est la source de la conscience : celle-ci n'est donc pas la voix de Dieu dans le cœur de l'homme, mais la voix de quelques hommes dans l'homme. »

Quelques solutions

Si la société rend l'homme sans cesse plus insatisfait, comment ce dernier va-t-il s'accommoder de cette situation ?

La sublimation est une solution — réservée à quelques esprits supérieurs. Ces derniers sont effectivement capables de diminuer la pression de leurs instincts en les transformant en comportement socialement acceptable. Certains plaisirs substitutifs — tels le tabac ou la boisson — leur tiendront lieu de consolation.

« La maîtrise par la sublimation, par la dérivation des forces pulsionnelles sexuelles sur des buts culturels plus élevés, écrit Freud, seule une minorité y parvient et encore de façon intermittente, et beaucoup plus difficilement dans la période de l'ardeur juvénile. La plupart des autres deviennent névrosés ou subissent quelque préjudice. L'expérience montre que la plupart des gens qui composent notre société ne sont pas bâtis pour le devoir d'abstinence. »

Au pasteur Pfister, son ami, Freud fait observer que, dans ses analyses d'adolescents, il se trouve en présence d'êtres jeunes en proie à des conflits tout frais, favorablement disposés, en outre, envers sa personne et prêts à la sublimation et notamment à sa forme la plus commode, la sublimation religieuse. « Pour nous, ajoute-t-il, cette chance de liquidation n'existe pas; notre clientèle, quelle que soit son origine raciale, est irréligieuse (...) et comme les autres voies de la sublimation, *qui nous tiennent lieu de religion*, sont trop pénibles pour la majorité de nos patients, notre cure débouche le plus souvent sur la recherche de la satisfaction. »

Une grande source de réconfort pour les masses est bien évidemment la religion, que Freud considère comme une sorte de psychose de groupe, une fuite de la réalité par la croyance en l'illusion d'un père céleste, bon, tout-puissant, aimant, qui promet le bonheur éternel à tous ceux qui accomplissent les renoncements nécessaires sur terre[1].

1. Henri-Charles TAUXE, *Freud et le Besoin religieux*, Ed. L'Age d'homme, 1974.

L'amour peut être également une solution, mais Freud considère cette possibilité comme précaire, car elle est grosse du danger de perdre l'objet aimé.

Quant à la guerre, selon Freud, elle accompagne inévitablement la civilisation. En effet, l'agressivité de l'homme est si fortement frustrée et refoulée que, périodiquement, les mesures palliatives que nous avons évoquées ne réussissent plus à s'opposer à la pression intérieure, et une période doit apparaître pendant laquelle a lieu un déchaînement général de la nature animale de l'homme.

Durant la Première Guerre mondiale, S. Ferenczi, le disciple préféré de Freud, écrivait : « Qu'elle est la cause des guerres ? Nous pouvons répondre sans hésiter : la nature humaine. Et pourquoi cet état de choses continue-t-il ? Parce qu'elle en a encore besoin et le désire avec ténacité. Pour cette humanité qui est en guerre aujourd'hui, la guerre en réalité est son *Normalzustand*, son état naturel, et je peux ajouter que la majeure partie de l'humanité est relativement à son aise dans cette forme de vie. »

Pour Freud également, la nature humaine contient de telles forces, de telles réserves d'agressivité que la haine et la guerre seront éternelles. En 1939, à un disciple qui lui demandait si cette guerre serait la dernière, il répondit : « Ma dernière. »

Est-ce à dire que Freud ou Ferenczi donnent raison à ceux qui, souhaitant détruire la civilisation, voient dans l'état de nature, conçu comme un Age d'Or, le règne du bonheur ? Certes, non. « Quelle courte vue que d'aspirer à l'abolition de la culture!, écrit Freud dans *l'Avenir d'une illusion;* ce qui resterait alors serait l'état de nature et celui-ci est de beaucoup plus difficile à supporter. Il est vrai, la nature ne nous demande pas de restreindre nos pulsions; elle leur laisse toute liberté; mais elle a sa manière, et particulièrement efficace, de nous restreindre; elle nous détruit froidement, cruellement, brutalement (...) et ceci justement parfois à l'occasion de nos satisfactions. C'est précisément à cause de ces dangers, dont la nature nous menace, que nous nous sommes rapprochés et avons créé la civilisation qui, entre autres raisons d'être, doit nous permettre de vivre en commun. A la vérité, la tâche principale de la civilisation, sa raison d'être essentielle est de nous protéger contre la nature. » Suit une description des cataclysmes naturels, puis Freud reprend : « Avec ses forces, la nature se dresse contre nous, sublime, cruelle, inexorable; ainsi, elle nous rappelle notre faiblesse, notre détresse, auxquelles nous espérions nous soustraire grâce au labeur de notre civilisation. »

Révolution psychanalytique et révolution politique

Si détruire la civilisation ne trouve pas grâce aux yeux de Freud, la changer, la modifier dans le sens d'une collectivisation, d'une socialisation intégrale, lui semble être une illusion également dangereuse.

L'essence du marxisme-léninisme est religieuse; comme la religion, le communisme fournit à ses croyants, pour les dédommager de leurs souffrances, de leurs privations actuelles, la promesse d'un au-delà meilleur où nul besoin ne restera insatisfait.

A cet égard, comme le rappelle justement Janine Chasseguet-Smirgel, il faut se garder de confondre révolution psychanalytique et révolution politique. Ce qui est révolutionnaire dans la psychanalyse, c'est la méthode, le refus de tout préjugé, de toute idée reçue grâce à l'examen de tout (ce qui inclut, bien évidemment, les événements de l'histoire) à la lumière de la connaissance de l'inconscient. La Révolution y est moins conçue comme un acte que comme une façon d'appréhender les phénomènes.

Freud, est-il besoin de le rappeler, n'a jamais éprouvé une sympathie excessive pour le marxisme-léninisme. En 1917, alors que les bolcheviques imposent leur loi en Russie, il réagit en vieux libéral. Il se méfie de la *révolution* et la souhaite brève. A Lou Andréas-Salomé, il écrit : « La bête humaine a quand même besoin d'être domptée. Bref, on devient réactionnaire, comme l'était déjà devenu ce vieux rebelle de Schiller en face de la Révolution française. »

En 1919, Ernest Jones rencontra Freud à Vienne, à l'hôtel Regina; les deux hommes, qui ne s'étaient pas vus depuis le début des hostilités, commentèrent naturellement la situation politique; à ce propos, Freud prit Jones de court en lui confiant qu'il avait rencontré récemment un ardent communiste et qu'il avait été à moitié converti au bolchevisme. Ce dernier lui avait dit que l'avènement du bolchevisme amènerait quelques années de misère et de chaos, mais qu'elles seraient suivies de la paix universelle, de prospérité et de bonheur. Freud ajouta : « Je lui ai répondu que je croyais à la première moitié de ce programme. »

Une dernière anecdote, significative elle aussi : en 1933, et à la demande d'un de ses amis, Freud avait adressé à Mussolini le livre qu'il venait d'écrire avec Einstein, *Pourquoi la guerre ?*, et le lui avait dédicacé en ces termes : « De la part d'un vieil homme saluant dans le Duce le héros de la culture. » Comme, en raison de ces faits, certains l'accusaient de n'être ni rouge, ni noir, il répondit non sans humour : « Non plutôt couleur chair[1]. »

1. Dans sa lettre à A. Einstein (in *Pourquoi la guerre ?*, 1932), Freud écrit : « Les bolcheviques, eux aussi, espèrent arriver à supprimer l'agression humaine en assurant l'assouvissement des besoins matériels

Les porcs-épics en hiver

Résumons-nous : Freud critique la société bourgeoise de son temps au nom d'un certain réformisme libéral. Mais ce réformisme libéral est lui-même battu en brèche par la conviction, proprement psychanalytique cette fois, que le processus de civilisation est dangereux *en tant que tel* pour l'homme; poussé au-delà d'un certain point, il ne peut apporter que malheur et déception.

Freud a vu que la société impose à l'homme des souffrances inutiles, dont résulte une aggravation au lieu de l'amélioration attendue. Il a vu que cette

---

tout en instaurant l'égalité entre les bénéficiaires de la communauté. J'estime que c'est là une illusion. Ils sont pour l'heure minutieusement armés et la haine qu'ils entretiennent à l'égard de tous ceux qui ne sont pas les leurs, n'est pas le moindre adjuvant pour s'assurer de la cohésion de leurs partisans. »

Dans *Malaise dans la civilisation* (1929) : « On se demande avec anxiété ce qu'entreprendront les Soviets une fois tous leurs bourgeois exterminés. »

Dans *Nouvelles Conférences sur la psychanalyse* (1932) : « Et tout en bannissant impitoyablement tous les systèmes idéalistes et toutes les illusions, le marxisme, mis en pratique, a lui-même créé de nouvelles chimères qui ne sont ni moins douteuses, ni moins indémontrables que les anciennes. »

Enfin, cette page souvent citée de *Malaise dans la civilisation* : « En ce qui concerne son postulat psychologique (il s'agit du marxisme), je me crois autorisé à y reconnaître une illusion sans consistance aucune. En abolissant la propriété privée, on retire, certes, à l'agressivité humaine et au plaisir qu'elle procure l'un de ses instruments, et sans doute un instrument puissant, mais non pas le plus puissant (...). »

inutile dureté, telle qu'elle se manifeste dans le domaine de la morale sexuelle, conduit à la formation de névroses qui, dans bien des cas, auraient pu être évitées par une attitude plus tolérante. Mais jamais il n'a été un critique radical de la société capitaliste; jamais il n'a remis en question les fondements socio-économiques de celle-ci, ni critiqué ses idéologies — à l'exception, bien sûr, de celle ayant trait à la sexualité.

En outre, Freud, lorsqu'il parlait de l'homme, l'homme d'un temps, d'une société, l'envisageait toujours comme *homme universel*, comme *modèle de la nature humaine*; et sa vision de l'homme, de la nature humaine, n'était guère encourageante. « L'homme, écrit-il dans *Malaise dans la civilisation*, essaie de satisfaire son besoin d'agression aux dépens de son prochain, d'exploiter son travail sans dédommagement, de l'utiliser sexuellement sans son consentement, de s'approprier son bien, de l'humilier, de lui infliger des souffrances, de le martyriser et de le tuer. »

Pour ce qui est de la vie en société, rappelons combien Freud avait apprécié l'anecdote des porcs-épics en hiver qu'il avait trouvée dans Schopenhauer: les porcs-épics, quand l'hiver est glacé, cherchent un peu de chaleur en se serrant les uns contre les autres. Mais les piquants de chacun s'enfoncent dans les chairs de l'autre et les déchirent. Les porcs-épics s'écartent alors les uns des autres et sont ressaisis par le froid. De rapprochements en écarts et d'écarts en rapprochements, ils trouvent enfin cette voie moyenne où ils n'auront ni trop froid, ni trop mal, où ils passent compromis entre la douleur et le gel. Ainsi en est-il des hommes. Ils ne peuvent ni tout à fait vivre en commun, ni tout à fait vivre en solitude.

La foi en l'homme

Pessimiste, Freud l'était. Mais avec une singulière réserve : sa foi en la raison. Envers et contre tout, il a affirmé sa foi en l'homme; jamais il n'a tout à fait cessé d'espérer en une primauté de l'intelligence. Dans *l'Avenir d'une illusion*, il écrit : « La voix de l'intellect est basse, mais elle ne s'arrête point qu'on ne l'ait entendue. »

C'est même dans cette surestimation des pouvoirs de la raison que résiderait, selon certains, l'idéologie freudienne[1].

Il se peut, observe André Green, que l'idéologie freudienne soit, en définitive, celle de l'*humanisme*

1. A la perspective positiviste évolutionniste relativement allègre de *l'Avenir d'une illusion*, on peut opposer *Malaise dans la civilisation;* et, concernant la science, ce passage : « La vie s'abat sur nous sans pitié; elle nous accable de trop de souffrances, de déceptions et de tâches que nous abandonnons sans succès. Pour la rendre supportable, nous ne pourrons pas nous passer de palliatifs (...). Il en existe probablement de trois sortes : les distractions puissantes (...), les satisfactions substitutives (...) et les drogues (...); même l'activité scientifique n'est qu'une de ces distractions. »

qui affirme envers et contre tout sa foi dans l'homme. Est-il possible de faire autrement ? L'analyse de l'idéologie montre le caractère très relatif de l'humanisme. Concept datable et périssable. Il se peut que la fin de l'humanisme préfigure la fin de l'homme; c'est-à-dire la fin de l'homme en tant que fin.

« Il ne nous reste de consolation, écrit André Green, que dans l'espoir de cette victoire de l'intellect et de la raison. Cette foi optimiste en la force de l'intellect chez celui qui plus que tout autre en a saisi les limites peut surprendre. Et aujourd'hui on peut se demander encore si quelque illusion ne frappait pas l'auteur de *l'Avenir d'une illusion* quand il écrivait dans ce même texte : « Le temps où sera établie la primauté de l'intelligence est encore immensément éloigné de nous, mais la distance qui nous en sépare n'est sans doute pas infinie... »

« Si toute vie humaine n'a pas disparu d'ici là », aurait-il fallu ajouter.

Le doute freudien

Il n'est cependant pas difficile de montrer qu'un *doute radical* traverse l'œuvre de Freud; et qu'en battant le rappel de la science, ce dernier semble crier sa dépression[1]; cet ultime recours témoigne

1. Cf. Antonello ARMONDO, *Freud et l'Éducation*, Ed. ESF, 1974.

d'une tentative extrême et désespérée : transformer l'état d'âme dépressif en deuil surmontable.

Rappelons ici ce passage d'une lettre de Freud adressée à Marie Bonaparte en août 1937 : « Dès qu'on s'interroge sur le sens et la valeur de la vie, on est malade, car ni l'un ni l'autre n'existent objectivement; on avoue simplement posséder une réserve de libido insatisfaite, à laquelle quelque chose d'autre a dû arriver, une sorte de fermentation aboutissant à de la tristesse et à de la dépression. Ces explications que je vous donne ne sont évidemment pas fameuses. Peut-être parce que je suis moi-même trop pessimiste. Un *advertisement* (avis publicitaire) me trotte par la tête, et je le considère comme la plus hardie et la plus réussie des réclames américaines : « Why life if you can be buried for ten dollars? » (Pourquoi continuer à vivre lorsque vous pouvez être enterré pour dix dollars?) ».

Paradoxalement, comme l'a bien vu A. Armondo, c'est le doute qui, en dépouillant le *bourgois* Freud de ses illusions, le rapproche de ceux qui ont toujours tenu les propos les plus chagrins et les plus *désabusés* sur l'humaine condition. C'est lui qui confère à son œuvre son caractère de sagesse et de sérénité.

La science dont se réclame Freud vise, en fin de compte, une certaine adaptation à ce qui existe; elle va dans le sens d'une certaine maturité; pour Freud, par contraste avec la pensée utopique, l'homme ne peut devenir ce qu'il voudrait être, mais seulement ce qu'il a été. L'avenir n'est pas une disponibilité ouverte. Tout ce que l'homme peut espérer, c'est de prendre conscience de ce qu'il doit être, en apprenant ce qu'il a été. La pensée freudienne est fondamentalement anti-utopique. On chercherait en vain dans son œuvre la moindre perspective eschatologique. Pas d'espoir, pas de promesse. Pas de justification non plus. Ce monde est le meilleur des mondes possibles, parce qu'il est le seul monde possible. L'unique fin de la vie est la vie même. Tout ce qu'on peut espérer, c'est de survivre. La rationalité humaine consiste à faire face au monde inconfortable tel qu'il est, tel qu'il sera[1].

1. Etudiant le modèle du temps chez Freud, Ph. Rieff observe qu'il est de l'ordre de la reduplication; l'avenir ne serait rien d'autre pour lui que le passé latent. « Le noyau intime de l'histoire est circulaire, aussi bien pour Freud, avec son modèle biologiquement cyclique du temps, que pour les Grecs. L'avenir est simplement ce qui est dépassé par le passé. Contrairement à la pensée utopique ou eschatologique, qu'elle soit juive, chrétienne, humaniste ou marxiste, Freud ne prête à l'avenir aucun pouvoir sur le passé. L'histoire est un système clos. Il n'y a pas de probabilités inconnues. Ce qui va se passer est ce qui s'est passé. L'histoire, conclut Freud, aime les restaurations. Surtout, elle aime la *reproduction fidèle.* »

D'où, selon Rieff, le dédain ressenti par Freud pour l'avenir; il n'existe rien de qualitativement différent en dehors de cette vie et de cette manière de vivre. Sa réponse, chaque fois que l'avenir fait preuve de son incapacité d'être qualitativement différent du passé, serait le grand sarcasme propre à tout mépris de l'avenir; non pas : « Je vous l'ai dit! », mais : « J'aurais pu vous le dire! »

S'il est vrai que le pessimisme de Freud doit être interprété par rapport à son modèle d'un temps récurrent, circulaire, il est peut-être erroné de réduire la pensée de Freud à cet unique modèle. Il y a chez Freud également une perspective évolutionniste-positiviste qui n'est pas étrangère à son libéralisme humaniste.

Avec sobriété, Freud confesse : « Ainsi, je me sens défaillir le courage de m'élever en prophète devant mes semblables, et je me rends à leur reproche de ne pas savoir leur apporter de réconfort. Car c'est bien ce qu'ils désirent tous, les révolutionnaires les plus sauvages non moins passionnément que les plus braves croyants. »

Comme le dit justement Ed. Gaède, des trois grands *surmoi culturels* qui dominent notre champ mental (Marx, Nietzsche et Freud), Freud reste le plus près d'un individualisme qu'il est loisible de qualifier de *bourgeois* à ceux qui ont le goût de l'anathème. « L'opposition de Nietzsche et de Freud, ajoute-t-il, c'est aussi l'opposition d'un certain parti pris pour le divin, si sécularisé soit-il, et d'un parti pris pour l'homme. Dionysos contre Œdipe[1]. »

Répétons-le : dans la perspective freudienne, le psychanalyste déconstruit, traduit et trace des généalogies; il désacralise; il n'a nul réconfort à apporter, aucune vision eschatologique. Son athéisme est d'une sobriété extrême et son but n'est autre chose qu'une humanité désillusionnée.

Il est juste de souligner à ce propos que la vision psychanalytique du monde est pleine de *scepticisme* et, partant, d'amertume. Ce qu'elle produit, comme la science du reste, c'est un désenchantement du monde.

1. Edouard Gaède, « Nietzsche, précurseur de Freud », in *Nietzsche aujourd'hui*, collection 10/18, 1973.

« Tout homme qui craint l'angoisse, écrit Georges Devereux, préfère n'importe quelle certitude, même illusoire, à la réalité, qui, elle, ne représente jamais la certitude mais, tout au plus, une probabilité ou une plausibilité. » Nous avons là une des grandes *émotions-forces* de l'histoire et de la société (bien plus importante — puisqu'elle a trait aux émotions — que ne peut l'être une *idée-force* qui, elle, s'alimente surtout dans la raison). Or, dans la ligne même des grands sceptiques, ce que Freud nous enseigne à supporter, c'est le fait de l'incertitude, incertitude avec laquelle il faut vivre, c'est-à-dire trouver un équilibre et un *modus vivendi* qui ne soient pas exagérément anxiogènes.

Dans sa remarquable étude, « Freud, Abraham et Laïos[1] », Alain Besançon a fort bien exprimé cela. Nous sommes, écrit-il, jetés dans la fatalité de désirer notre mère, de vouloir tuer notre père. Nous savons par Œdipe que c'est une fatalité de mort. Elle gouverne nos cœurs, elle gouverne l'histoire et le monde. Les cercles tragiques sont concentriques et nous occupons le centre. Ainsi se développe le néo-stoïcisme freudien. *Sustine et abstine* : la devise du Portique devient celle du psychanalyste dans l'exercice de son métier. Supporte et abstiens-toi : c'est aussi celle du psychanalysé dans l'exercice de sa vie.

1. In *Contrepoint*, nº 12.

Ce mur entre les corps

> *Nous attribuons à la culture et à la bonne éducation une grande influence sur le développement du refoulement et nous admettons que dans ces conditions l'organisation psychique subit une transformation qui se transmet d'ailleurs, parfois léguée sous la forme d'une disposition héréditaire, transformation qui nous rend inacceptable ce que nous ressentions comme agréable et que nous repoussons désormais de toutes les forces de notre psychisme. Le travail de refoulement de la culture annihile en nous des formes primitives de jouissance répudiées à présent par la censure. Le renoncement est cependant terriblement dur à l'âme humaine.*
>
> S. Freud.

L'émergence du « chacun chez soi »

L'homme de la modernité vit dans le monde du *chacun pour soi*, du *chacun chez soi*; la dimension du *privé*, du *personnel*, de l'*intime* l'emporte sur celle du *communautaire*, du *social*, du *collectif*; l'idéologie du secret (ce qui est intime est forcément secret) nous semble naturelle, comme nous semble naturel qu'il n'y ait de communication, d'échange *authentique*, *véritable*, possible que dans le silence et l'isolement : silence et isolement du cabinet du psychologue ou du médecin; silence du confessionnal et *privatisation* de la chambre à coucher.

Il y aurait à ce propos toute une écologie psychologique des cabinets à faire[1]. La coïncidence entre l'apparition du cabinet de travail privé, celle du cabinet d'aisance isolé et celle du confessionnal, à un même moment historique mérite d'être relevée. Car elle marque un culte du vase clos en opposition avec les origines sociales des conduites en question : la confession publique de l'Eglise primitive, les latrines collectives des sociétés primitives (avec ses séquelles uniquement militaires), l'échoppe ouverte sur la rue. « Une pareille idéologie du secret, écrit J. Vonèche, a pour conséquence de concevoir les rapports humains comme une espèce de communication téléphonique (toujours l'idéologie de la cabine) qui requiert l'absence de tout bruit pour être comprise. Il faut donc isoler le patient, mettre au secret le déviant. »

L'émergence de ce *chacun chez soi*, de ce *chacun pour soi* dans notre histoire, Norbert Elias en a fait l'objet d'un grand livre, *la Civilisation des mœurs*[2], qui constitue une étonnante illustration de la citation de Freud que nous avons mise en exergue.

Pour Elias, comme pour Freud, la civilisation s'édifie sur la répression, sur la mutilation de nos instincts. Ce qui l'intéresse, c'est la manière dont ce

1. Voir à ce propos l'étude de Jacques Vonèche sur « La déviance », in *Choisir*, juillet 1974.

2. Norbert Elias, *La Civilisation des mœurs*, Ed. Calmann-Lévy, 1973.

processus a joué, s'est développé en Europe depuis le Moyen Age; non pas qu'il considère le chevalier du Moyen Age ou son serf comme une sorte d'*homme naturel* qu'il opposerait à l'*homme civilisé*, ce qui serait tout à la fois ridicule et faux, mais parce que c'est à partir des XVe et XVIe siècles que nous voyons progressivement émerger l'homme de la modernité et que les valeurs bourgeoises se substituent à celles qui commandaient la vie, l'existence, des contemporains d'Erasme.

La conception bourgeoise du travail, qui diffère fort de la conception biblique (la Bible considère le travail comme une punition : « Tu gagneras ton pain à la sueur de ton front »), tend dorénavant à s'imposer. Pour le bourgeois, le travail devient une vertu, un devoir, une profession, la meilleure façon de donner un sens à sa vie. Les animaux symboliques de la noblesse (lion, loup, ours, aigle...) sont remplacés par ceux de la bourgeoisie (fourmi, scarabée, abeille, écureuil...).

Le corps, d'organe de plaisir qu'il était, fut transformé en organe de performance.

Jusqu'au XVIe siècle, observe un autre historien, Jos Van Ussel, les attitudes et le mode de vie étaient pro-sexuels. Il était généralement admis que chacun assouvisse ses besoins sexuels, afin de ne pas mettre sa santé en danger. Dans quelques villes, les autorités elles-mêmes faisaient ouvrir des maisons de passe. La sensualité était ressentie, était vécue d'une manière que nous ne connaissons plus maintenant. On se touchait, on se caressait, on s'enlaçait, on s'embrassait; les nourrices et les parents masturbaient les jeunes enfants pour les calmer; le pesant interdit qui pèse sur les relations sexuelles d'adultes et d'adolescents n'existait pas alors; les rapports sexuels préconjugaux étaient institutionnalisés; la famille et les serviteurs dormaient nus dans une seule et même pièce. On se baignait nu et en groupe. Et, pour les solennités, on exposait nue la plus belle fille de la ville. Quant aux jeunes, ils n'avaient pas besoin d'être informés puisqu'ils pouvaient voir, sentir et apprendre auprès des adultes ce qu'ils voulaient savoir[1].

La chambre à coucher et les vêtements de nuit

« Quand on voit avec quel naturel, écrit Elias, adultes et enfants partageaient au Moyen Age leurs lits, on se rend compte quelle modification profonde des rapports d'homme à homme et du comportement humain s'exprime dans notre genre de vie. »

C'est que si, pour nous, le lit et le corps sont devenus des zones troubles et dangereuses, ce qui fait qu'il est exclu de partager son lit avec une

1. Jos Van Ussel, *Histoire de la répression sexuelle*, Ed. Robert Laffont, 1972.

personne qui ne fasse pas partie du cercle de famille (l'idéal étant : à chacun son lit, voire sa chambre), il n'en a pas toujours été ainsi. Ni la chambre à coucher, ni le sommeil dans la société médiévale n'étaient *privatisés*, détachés de la vie sociale. D'ailleurs, peut-on alors parler de chambre à coucher? Il s'agit plutôt d'une vaste pièce dans laquelle, le soir venu, on installait un ou des lits communs. Le père, la mère, les parents plus éloignés, les enfants, les hôtes et les domestiques dormaient ensemble dans cette pièce.

« A l'île d'Elbe, observe J. Van Ussel, à l'époque où Napoléon y séjourna, il n'était pas inhabituel que sept personnes dorment dans un seul et même lit, sans distinction de sexe et nues comme des vers. »

« Il était, en effet, rare que quelqu'un gardât sa chemise pour dormir; l'eût-il fait qu'on l'aurait alors suspecté de souffrir d'une tare physique, car s'il était normalement conformé, pourquoi tenait-il à cacher son corps ? »

Jusqu'au XIXe siècle d'ailleurs, les gens *bien* n'avaient aucun scrupule à dormir dans le même lit avec des amis à l'auberge. Dans certaines contrées, l'ancien usage de l'hospitalité était encore vivant : la fille de la maison ou une servante venaient coucher avec l'hôte.

Dans ses *Colloques*, Erasme raconte qu'on se déshabillait et se mettait nu au lit, dans les auberges allemandes, sans considération de sexe et en présence de tous. Dans son *Heptaméron* (1559), Marguerite de Navarre parle des chemises de nuit pour femmes comme de curiosités; pourtant, à la fin du XVIe siècle, dans la noblesse surtout, elles commencent à se répandre.

Dans cette évolution qui va de l'ingénuité à la pudeur, et même à la honte, la chemise de nuit va jouer le même rôle que la fourchette ou le mouchoir. Elle est d'ailleurs, significativement, apparue à la même époque. C'est un *instrument de civilisation*, un symbole de la transformation qui s'opérait dans l'homme : un *mur émotionnel* commençait à se dresser entre lui-même et son propre corps.

La nudité

Jusqu'au XVIe siècle, la nudité ne faisait pas l'objet de tabous; elle était naturelle. On dormait nu, on se déshabillait et on s'habillait devant d'autres, on se lavait nu, soit à l'intérieur de la maison, soit dans un endroit public. Les chevaliers se faisaient servir au bain par des femmes; de même chargeait-on souvent des femmes de leur apporter la boisson pour la nuit au lit. La coutume voulait, du moins dans les villes, qu'on se déshabillât à la maison pour se rendre aux bains publics.

« Combien de fois, écrit Bauer, le père, dévêtu

et habillé d'un seul caleçon, ne gagne-t-il pas avec sa femme nue et ses enfants nus, par les étroites ruelles, la maison des bains... Combien de fois n'ai-je pas vu des fillettes de dix, douze, quatorze, seize et dix-huit ans, toutes nues ou vêtues de quelques chiffons en loque (...), courir par les longues ruelles. Souvent des garçons nus de dix, douze ou seize ans les accompagnaient[1]. »

La maison de bains était aussi bien le lieu de rendez-vous des ecclésiastiques, des bourgeois, des jeunes filles et des jeunes gens. On y voyait des amoureux, des prostituées avec leurs clients, des familles.

Cette ingénuité, observe Elias, ne disparaît que progressivement au XVIe siècle (l'expansion de la syphilis n'y est sans doute pas étrangère), et plus rapidement aux XVIIe, XVIIIe et XIXe siècles, d'abord dans les couches supérieures, plus lentement dans le peuple.

Au XIXe siècle, dans la bourgeoisie, les gens mariés n'osent plus se déshabiller l'un devant l'autre et font l'amour dans le noir, habillés. On raconte du couple Robert et Elizabeth Browning, célèbre par les ardents poèmes qu'Elizabeth dédia à son mari, qu'ils ne se virent jamais nus de toute leur vie.

Dans son livre, *le Monde d'hier*, Stefan Zweig explique que *bien élevée* était alors pour une jeune fille synonyme d'étrangère à la vie; et beaucoup de

1. M. BAUER, *Liebesleben in der deutschen Vergangenheit*, Berlin, 1924.

femmes de ce temps-là le sont demeurées toute leur vie. « Je m'amuse encore aujourd'hui, raconte Stefan Zweig, de l'histoire grotesque d'une de mes tantes qui, lors de sa nuit de noces, retourna à une heure du matin au domicile de ses parents, sonna l'alarme, déclara qu'elle ne reverrait plus l'être abominable à qui on l'avait mariée, que c'était un fou et un monstre, qu'il avait très sérieusement prétendu la déshabiller. Elle n'avait pu se sauver qu'avec peine de ce désir évidemment maladif. »

La régression de la nudité eut pour conséquence l'apparition d'un problème *artificiel*, en suscitant la curiosité pour les parties cachées du corps de l'autre sexe; cette curiosité devint difficile à satisfaire; en outre, elle est réprouvée moralement. Dans la seconde moitié du XVIIIe siècle, il était déjà scabreux de parler ouvertement du corps. Regarder un corps étranger était délicat. Au XIXe siècle, les pédagogues interdisent même de regarder son propre corps. Les éducateurs progressistes montrent aux jeunes des cadavres d'enfants ou des squelettes.

Selon Norbert Elias, beaucoup de conflits entre adultes et enfants, et plus spécialement entre parents peu préparés à leur fonction de conditionneurs et leurs fils et filles, s'expliquent par cette progression du seuil de la pudeur et par l'accroissement de la distance séparant l'adulte de l'enfant : les causes de cet écart se situent en grande partie dans les structures mêmes de la société civilisée.

Même observation de Bruno Bettelheim : « Je crois que les problèmes que rencontrent actuellement les parents des classes moyennes dans l'éducation de leurs enfants, qu'une grande partie du malaise, de l'aliénation de l'homme occidental, sont causés par la distance croissante qu'il y a entre l'adulte et l'enfant. Avant l'avènement de l'ère industrielle, les enfants et les adultes vivaient ensemble sans qu'un fossé les sépare. Jusqu'au XVIIe siècle, les enfants, dès la sortie du berceau, non seulement étaient habillés comme les adultes de leur classe, mais à très peu de chose près, vivaient comme eux. Comme eux, ils buvaient de la bière et du vin, jouaient aux cartes pour de l'argent, tandis que les adultes jouaient au cerceau et aux quilles. Ce n'est qu'au XVIIe siècle que commencèrent à apparaître certaines différences dans le vêtement et le mode de vie. Mais alors même, et pour longtemps encore, l'adulte et l'enfant vaquaient ensemble aux mêmes travaux, vivaient et dormaient ensemble dans une grande salle commune et partageaient les mêmes jeux. »

L'approche sexuelle

Les sentiments de pudeur qui entourent les relations sexuelles entre l'homme et la femme se sont considérablement amplifiés avec le processus de civilisation. Il suffit pour s'en convaincre de songer aux difficultés qu'éprouvent aujourd'hui les adultes à parler aux enfants de ces relations.

Ces difficultés sont considérées de nos jours comme inhérentes à la nature des choses; il va de soi qu'elles ne le sont pas; elles sont liées au processus de civilisation qui prend appui sur le refoulement de pulsions.

Prenons, par exemple, d'Erasme de Rotterdam les *Dialogues familiers, destinés non seulement à perfectionner la langue des jeunes, mais aussi à les éduquer* qu'il fit paraître en 1522 et qu'il remaniera jusqu'à sa mort. Transformé en manuel scolaire, ce texte fera figure d'ouvrage standard dans le domaine de l'éducation des garçons. Il est dédicacé au jeune fils, alors âgé de 6 ans, de l'éditeur d'Erasme.

Ce qui frappe, aujourd'hui, le lecteur, c'est qu'Erasme y parle à l'intention d'enfants de bien des choses que le processus de civilisation a depuis soustraites à l'horizon des enfants[1].

1. Paradoxalement, c'est justement parce que les enfants de nos sociétés rationnelles sont plus refoulés et plus ignorants de la vie sexuelle qu'est exacerbé chez eux le désir de connaître, d'agir pour savoir et pouvoir. Ce qui fait dire justement à certains élèves de nos écoles-casernes : « Je ne veux pas apprendre, je veux savoir. » L'enfant des sociétés traditionnelles, au contraire, n'est pas incité à rechercher le savoir ou à utiliser sa raison. Pour lui, il n'y a pas de secret. Tout lui est donné par le groupe qui pense à sa place et le protège par des rites des dangers fantasmatiques qui l'entourent.

Dès lors, le *Moi* se développe moins et le *Surmoi* est plus collectif

Par exemple, dans le *Mariage mal assorti*, il évoque le mariage entre un vieux chevalier syphilitique et une *jeune fille en fleur*, âgée de 16 ans. On parle des rapports intimes entre des partenaires si peu assortis : qu'on se représente un peu quelle jouissance peuvent procurer ces baisers, ces enlacements, ces caresses, ces jeux amoureux. Erasme décrit toutes les particularités de la syphilis, y compris sa prophylaxie : les baisers sur la bouche sont strictement interdits; boire dans un même verre à deux doit l'être aussi.

Aucun sujet scabreux n'est évité : ni les rapports sexuels pré-conjugaux, ni la virginité (Erasme n'aime pas les vieilles filles : « C'est comme pour le vin, il faut le boire avant qu'il ne soit aigre »; rester vierge longtemps n'a donc aucun sens); il y est question du sens de l'acte sexuel (pour la procréation et pour la jouissance), des devoirs de l'homme et de la femme dans le mariage (la femme a-t-elle le droit de se refuser à l'homme ?), des abus sexuels, des bordels.

Dans *le Jeune Homme et la Prostituée*, Erasme raconte

---

qu'individuel. Dans les sociétés traditionnelles, l'individu extériorise plus facilement, car le processus de refoulement est moins marqué. Il vit et ritualise ses désirs au lieu de les refouler ou de les investir dans la sublimation vers l'intellect. On vérifie ici le mot de Freud, selon lequel la civilisation rationnelle naît du refoulement et que le processus de civilisation n'est pas sans analogie avec le processus névrotique (d'après G. Mauco).

l'histoire suivante : un jeune homme, Sophronius, retourne après une assez longue absence auprès de son amie, Lucrèce, une prostituée. Elle l'appelle *mea mentula*, ma verge. Auparavant, à l'occasion d'une confession à Rome, où le jeune homme avait fait un pèlerinage, le père confesseur lui avait raconté comment il avait été puni de ses débauches de jeunesse. « Regarde-moi : mes yeux sont chassieux, mes mains tremblantes et mon dos est voûté. » Le jeune homme réfléchit et il persuade son amie Lucrèce de quitter sa maison de passe et d'habiter chez lui. On lit à maintes reprises dans ce dialogue que les prêtres sont des clients assidus des maisons de passe, que les moines mendiants, par exemple, y laissent toutes leurs aumônes. Au XVIe siècle, on donnera par ironie une autre interprétation à ce dialogue : le jeune homme, Sophronius, était un rusé qui avait réussi à avoir à lui seul sa Lucrèce, et de plus gratuitement.

L'observateur moderne s'étonnera qu'Erasme ait pu, dans ses *Colloques*, présenter aux enfants des prostituées et des bordels. Pour les hommes de notre phase de civilisation, il est immoral de mentionner de telles institutions dans un manuel scolaire. Il est vrai qu'elles existent aussi dans la société des XIXe et XXe siècles en tant qu'*enclaves*. Mais en tant qu'*enclaves* seulement. On imagine mal un évêque ou un théologien se féliciter publiquement de l'ouverture d'un bordel. Ce que fit pourtant saint Thomas d'Aquin, traitant d'*œuvre méritoire* l'organisation d'un bordel par les moines de Perpignan[1].

La pudeur mêlée d'angoisse *(Schamangst)* qui recouvre depuis la plus tendre enfance le secteur sexuel de l'économie pulsionnelle, le *voile du silence* qu'on lui impose dans les relations sociales, se révèle d'une efficacité pour ainsi dire totale. La simple allusion à de telles institutions est illicite, leur évocation en présence d'enfants est un crime, une profanation de l'âme enfantine, ou du moins une erreur de conditionnement de la pire espèce.

Au temps d'Erasme, tout le monde savait que les enfants étaient parfaitement informés de l'existence de ces institutions. Personne ne songeait à les leur cacher. Il arrivait, au contraire, qu'on les mît en garde contre elles. C'est à quoi s'employait Erasme. En fait, ses dialogues, comme ceux de Morisotus, reflètent directement les normes de leur temps. Ils savaient que les enfants savaient; cela allait de soi. Selon eux, la tâche de l'éducateur consistait précisément à montrer aux enfants l'attitude à adopter face à ces institutions. La privatisation des rapports sexuels n'existait alors en aucune façon.

Progressivement, la sexualité, de même d'ailleurs

1. Saint Thomas d'Aquin juge les prostituées nécessaires. L'opinion de saint Augustin à leur sujet (« Elles sont dans la cité ce qu'un cloaque est dans le palais. Supprimez ce cloaque et le palais deviendra un lieu infect ») imprégnera tout le Moyen Age.

que les fonctions naturelles, sera reléguée par le processus de civilisation à l'arrière-plan de la vie sociale; elle appartient dorénavant à une *enclave* déterminée : la famille restreinte ou *conjugale*; dans la conscience des hommes, les relations entre les sexes s'en trouvent également refoulées, isolées, reléguées dans une enceinte fermée. Une atmosphère de gêne, expression de la vie sociale, baigne cette sphère de la vie humaine. En présence des enfants, on se gardera bien d'aborder ces sujets.

Et, lorsque la petite Monique demandera à sa maman de quelle manière les enfants viennent au monde, il y a de fortes présomptions pour qu'elle s'entende répondre : « C'est le bon Dieu qui confie l'enfant à sa maman : cet enfant a au ciel son ange gardien qui a sans doute contribué d'une manière invisible à nous donner cette immense joie. Quant à savoir *comment* le bon Dieu remet les enfants à leur maman, il n'est pas nécessaire que tu le saches et tu ne le comprendrais d'ailleurs pas. »

Des centaines de fois, les fillettes ont dû se contenter de réponses de ce genre et c'est la tâche de la mère d'occuper l'esprit des filles de tant de choses belles et sublimes qu'elles n'ont pas le temps de ruminer ces problèmes...

Et si la fille insiste, sa mère lui lancera un avertissement du genre : « Il n'est pas désirable que tu saches ces choses; évite d'écouter si quelqu'un en parle. Une fille bien élevée et vertueuse ressentira une sorte de pudeur quand elle entendra parler de ces choses. »

Il n'est évidemment pas exclu que la petite Monique ait des parents *progressistes* qui, soucieux de lui donner une *éducation sexuelle*, auront lu *l'Encyclopédie Hachette* destinée à cet usage. Mais, là encore, comme l'ont bien vu Duvert, Schérer et Matzneff, l'idéologie nataliste et répressive est omniprésente. On parle certes de sexe à l'enfant et à l'adolescent, mais après leur avoir nié tout droit sexuel. Cette *sexualité volée*, on la restitue au mineur sous forme de discours normatif et théorique.

Un joli tour de passe-passe, en vérité, qui n'abuse certes pas tous les enfants, ni tous les adolescents, mais qui, sous le couvert du progressisme médical et sexuel, n'aboutit qu'à remplacer le curé en soutane par le père nudiste, tous deux tenant le même discours normatif. C'est-à-dire : la sexualité doit conduire au mariage et à la procréation; hors de là, point de salut, mais le cortège des régressions pathogènes, des fixations infantiles, des perversions tristes; bref, l'immaturité affective. Pour avoir remplacé les confesseurs et les directeurs de conscience, psychologues et sexologues, même s'ils ont gommé de leur vocabulaire le *péché*, restent cependant prisonniers d'une certaine conception de la famille et des rapports sexuels, de la morale et de l'ordre bourgeois qui se résume en une formule : pour vivre heureux, vivons châtrés. Tapie sous le vernis scientifique de leurs discours, la vieille morale répressive sommeille. Le gendarme n'est pas loin.

Et quand je dis le gendarme, je n'entends pas seulement le surmoi, mais aussi le gardien de l'ordre public.

« Le para *montrait trop ses avantages »*

J'emprunte cette information à un journal de province, daté du jeudi 7 novembre 1974. Il y est question de J.-P. A..., 35 ans, Français, plongeur professionnel, passant devant le tribunal correctionnel de la ville de N... pour attentat à la pudeur des enfants.

J.-P. A... est un casse-cou, au dire de son employeur. Plongeur de combat et parachutiste dans l'armée française, il travaille actuellement dans une entreprise de plongée sous-marine. Son courage et ses compétences sont appréciés.

Malencontreusement, note le journaliste présent à l'audience, lorsqu'il a envie de satisfaire un besoin bien naturel, il ne prend aucune précaution. Une jeune fille de 14 ans vient dire à son papa : « J'ai vu le *robinet* d'un monsieur, et ceci à deux reprises. » La fillette ajoute : « Il avait une voiture blanche. » L'enquête prouvera que la voiture était verte; de plus, il est établi que le prévenu n'a eu aucune attitude provocatrice à l'égard de personne.

En réalité, l'accusé — qui ne donne pas l'impression d'être un satyre — est plutôt vaniteux de son corps. Selon les dires de son employeur, il se déshabille, en naturiste qu'il est, sans prendre aucune précaution ; ensuite, il revêt sa combinaison de plongée. Nombre de personnes ont d'ailleurs vu ce plongeur dans son plus simple appareil.

Le tribunal de N., après délibération, condamne J.-P. A... à deux mois de prison pour attentat à la pudeur des enfants. De plus, il met à sa charge les frais qui s'élèvent à 1 300 F.

Voilà qui se passe de commentaires. J'en ferai néanmoins un. Il appert, et cela Freud l'avait bien vu, que les règles en matière sexuelle sont surtout faites par une petite fraction de la société, celle justement qui est d'un niveau socio-éducatif supérieur. Un abîme existe entre les 15 % qui constituent ce milieu et les 85 % qui n'ont jamais mis les pieds dans une université. Les premiers tendent alors à considérer la question sexuelle sous l'angle du *bien* et du *mal*, tandis que les autres la considèrent sous l'angle du *naturel*. Kinsey écrivait dans son *Rapport* : « En général, le milieu du niveau supérieur sent que la moralité du niveau inférieur manque aux idéaux et au *vrai bien* de la philosophie supérieure. Le niveau inférieur sent que la société éduquée et supérieure a un type de comportement sexuel artificiel et non sincère qui lui paraît d'autant plus nocif que ce niveau supérieur essaie d'imposer ses normes aux autres groupes. Ainsi, chacun des deux milieux a ses légendes sur l'immoralité de l'autre. »

La petite demoiselle de Bouillon

Quel contraste saisissant avec la franchise, la manière directe dont les fonctions naturelles étaient envisagées, traitées, encore au XVIIe siècle ! On pourrait donner d'innombrables exemples, écrit Elias, qui cite dans son livre celui de la petite demoiselle de Bouillon, âgée de 6 ans, qui vit alors à la cour. Les dames d'honneur viennent bavarder avec elle. Un jour, elles tentent pour s'amuser de lui faire croire qu'elle est enceinte. La petite proteste ; elle affirme que c'est impossible. On discute, on argumente.

Or, un jour, elle trouve en se réveillant un nouveau-né dans son lit. Elle est tout étonnée et dit dans son innocence : « Il n'y a que la Sainte Vierge et moi à qui cela soit arrivé, je n'ai pas eu de douleurs ! »

Cette remarque est colportée partout, l'affaire devient le passe-temps favori de ces dames. L'enfant reçoit des visites comme c'est l'usage quand une femme vient d'accoucher. La reine elle-même se rend à son chevet pour la consoler et lui proposer d'être la marraine de l'enfant. Le jeu continue. On insiste, on harcèle l'enfant, on veut connaître le père du nouveau-né. Après une longue réflexion, la petite finit par trouver la solution de l'énigme : seuls le roi ou le comte de Guiche pourraient être le père, car c'étaient les seuls messieurs qui avaient embrassé la petite fille[1].

Personne ne se scandalise de cette plaisanterie, commente Elias. Elle ne déborde pas les normes de l'époque. On ne la juge pas dangereuse pour l'adaptation de l'enfant à cette norme, pour la pureté de son âme; personne ne la trouve incompatible avec son éducation religieuse.

Ce n'est qu'avec la distance croissante qui va séparer l'adulte de l'enfant et avec le progrès de la pudeur que le problème de *l'éducation sexuelle* prendra le caractère d'*actualité brûlante* que nous lui connaissons.

La civilisation progressive des mœurs

Cette intériorisation des interdits, cette autocontrainte que nous observons dans le développement

1. BRIENNE, *Mémoires*, t. II, p. 11, cité d'après LABORDE, *Le Palais Mazarin*, Paris, 1816.

du processus de civilisation[1], il va de soi qu'elle ne se limite pas, qu'elle ne se cantonne pas au domaine de la sexualité. Les structures affectives et pulsionnelles de l'homme forment un tout. Et ce sont ces structures globales que modifie le processus de civilisation.

Ainsi, à partir du XVIe siècle, les émotions se font plus retenues : tuer, bâtonner, s'arracher les cheveux de désespoir, manifester sa joie ou sa douleur firent place à des manifestations intériorisées; la paix, le calme croissent en même temps que l'uniformité et l'ennui.

La naissance, la maladie, la vieillesse, la mort, les crises de l'existence humaine, la peur, l'hystérie, la folie, la haine et presque tout ce qui concernait la sexualité, y compris ce qui n'avait rien à voir avec elle, se dissimulent dorénavant derrière des murs, des coulisses...

Selon Elias, la civilisation progressive des mœurs a essentiellement consisté à accroître le contrôle sur tout ce qui tient à la nature animale de l'homme, refoulé soit vers les coulisses de la scène sociale (découpage des viandes à la cuisine, satisfaction des besoins naturels en des lieux *ad hoc*), soit vers la vie privée du couple (sommeil, rapports sexuels). Ce

1. Plutôt que de *processus de civilisation*, peut-être vaudrait-il mieux parler de *processus de modernisation*, car c'est durant cette période qu'émerge l'homme de la modernité; ou encore de processus d'*embourgeoisement*, car les valeurs bourgeoises passent au premier plan.

refus progressif du corps est intériorisé par les individus au cours de la socialisation familiale, qui règle efficacement et définitivement l'affectivité de l'enfant, de sorte qu'en chaque individu s'accomplit en raccourci un processus qui a duré des siècles. L'histoire d'une société se reflète dans l'histoire de chaque individu.

Prenons l'exemple de l'agressivité ; elle est aujourd'hui auto-contrôlée, sur-contrôlée, et nous avons peine à imaginer ce qu'était une société violente (comme le dit Elias, nous sommes des enfants de chœur par rapport au passé) ; seul l'Etat, qui a le monopole de la violence légale, peut encore y recourir. Ce n'était pas le cas au Moyen Age où la violence était inscrite dans la structure même de la société. La classe dirigeante était celle des guerriers. Et l'existence, c'était la rapine, le combat, la chasse à l'homme et à l'animal. Les documents d'époque suggèrent d'inimaginables déchaînements pulsionnels où chacun, quand il le pouvait — à quelques rares exceptions près —, s'abandonnait aux joies extrêmes de la férocité, du meurtre, de la torture, de la destruction et du sadisme.

« Voilà un chevalier, raconte un clerc, qui passe sa vie à piller, à détruire les églises, à attaquer des pèlerins, à exploiter les veuves et les orphelins. Il prend un plaisir particulier à mutiler les innocents. Dans le seul monastère de Sarlat se trouvent cent cinquante hommes et femmes auxquels il a coupé les mains ou crevé les yeux. Son épouse est aussi cruelle que lui. Elle lui prête main-forte dans ses forfaits. Elle éprouve un vif plaisir à tourmenter de pauvres femmes. Elle leur a fait couper les seins, et arracher les ongles pour les rendre inaptes au travail. »

Ces débordements de cruauté, commente Elias, n'entraînent aucun ostracisme social. Ils ne sont pas considérés comme socialement dégradants[1].

Un autre exemple illustrera mieux encore la thèse de Norbert Elias. Au XVIe siècle, une des réjouissances populaires de la Saint-Jean consistait à brûler vifs une ou deux douzaines de chats devant le roi et la cour; cette réjouissance populaire était très célèbre; elle attirait toujours une foule nombreuse. Un orchestre jouait. On érigeait un immense bûcher sous une sorte d'échafaudage. On accrochait à cet échafaudage un sac ou un panier rempli de chats vivants. Bientôt, le sac ou le panier prenaient feu. Les chats tombaient sur le bûcher et se consumaient pendant que la populace prenait plaisir à leurs cris et miaulements. Parfois, l'honneur de bouter le feu au bûcher était réservé au roi ou au dauphin. Nous apprenons qu'une fois, par ordre exprès de Char-

1. Ce que nous montre également l'étude de Norbert Elias, c'est combien il est difficile de juger des mœurs d'autres temps ou d'autres civilisations relevant de structures psychologiques et sociales fondamentalement différentes des nôtres, avec nos critères (et nos nerfs) de *bourgeois évolués* du XXe siècle déclinant; la torture, par exemple, est un problème pour notre sensibilité; il n'est pas certain qu'elle le soit identiquement dans une autre aire culturelle.

les IX, un renard fut pris et brûlé avec les chats.

Ce spectacle, note Norbert Elias, n'est certainement pas plus ignoble que l'exécution par le feu des hérétiques ou les tortures et mises à mort de tous genres. Ce qui le rend particulièrement antipathique, c'est le fait qu'il incarne de manière directe et sans mélange le plaisir que d'aucuns éprouvent à tourmenter des êtres vivants sans la moindre excuse rationnelle.

Ce dernier exemple de Norbert Elias est bien choisi : il montre que beaucoup de choses qui, naguère, éveillaient des sensations de *plaisir* suscitent aujourd'hui des réflexes de *déplaisir*. Comme le dit Freud : « Le travail de refoulement de la culture annihile en nous des formes primitives de jouissance répudiées à présent par la censure. » C'est que notre économie affective, et avec elle le seuil de notre sensibilité, s'est considérablement modifiée.

Est-ce à dire que nous sommes devenus plus moraux ? Une approche superficielle pourrait le laisser croire. Nietzsche, dans *le Gai Savoir*, répond : « Que tout le monde le croie, c'est déjà une preuve du contraire... Nous autres modernes, très délicats, très susceptibles, obéissant à cent considérations différentes, nous nous figurons en effet que ces tendres sentiments d'humanité que nous représentons, cette unanimité acquise dans l'indulgence, dans la disposition à secourir, est un progrès réel et que nous sommes par là bien au-dessus des hommes de la

Renaissance. Mais toute époque ainsi pense, il faut qu'elle pense ainsi. Il est certain que nous n'oserions pas nous placer dans les conditions de la Renaissance, que nous n'oserions même pas nous y figurer : nos nerfs ne supporteraient pas une pareille réalité, pour ne pas parler de nos muscles. Cette impuissance ne prouve pas du tout le progrès, mais une constitution différente et plus tardive, plus faible, plus délicate et plus susceptible, d'où sort nécessairement une *morale pleine d'égards* (...).

« Notre adoucissement des mœurs — c'est là mon idée, c'est là si l'on veut mon innovation — est une conséquence de notre affaiblissement; la dureté et l'atrocité des mœurs peuvent être, au contraire, la suite d'une surabondance de vie. Car alors on peut risquer beaucoup, affronter beaucoup, et aussi gaspiller beaucoup. »

Un « espace intérieur » de plus en plus surmoïque

Dans *la Civilisation des mœurs*, Norbert Elias retrace la lente érection durant ces cinq derniers siècles de ce mur invisible de réactions affectives se dressant entre les corps, les repoussant et les isolant, mur dont on ressent de nos jours la présence au simple geste d'un rapprochement physique, au simple contact d'un objet qui a touché les mains ou la bouche d'une autre personne; « il se manifeste déjà, écrit Elias, dans le sentiment de gêne que nous éprouvons en assistant à certaines fonctions physiques et très souvent à leur évocation ». Et il ajoute : « Le malaise plus ou moins marqué qui s'empare de nous quand nous sommes en présence d'êtres humains qui évoquent et qualifient ouvertement leurs actes physiques, qui songent bien moins que nous à les dissimuler ou à les réprimer, entre pour une large part dans l'ensemble des sensations qui nous font juger ces êtres *barbares* ou *civilisés*[1]. »

Ainsi, pour prendre un dernier exemple, qui ne touche ni à la sexualité, ni à l'agressivité, si un lecteur de cet ouvrage disposait miraculeusement d'une machine à remonter le temps et qu'il puisse participer à un banquet en plein XVe siècle, il irait de surprises en surprises; et elles ne seraient pas toutes agréables. Il s'étonnerait que chacun se serve avec la main dans un grand plat, cependant que son voisin de gauche se moucherait dans ses doigts (procédé courant : le mouchoir, comme la fourchette, autre *instrument de civilisation*, n'apparaîtra qu'au XVIe siècle et ne se frayera que lentement son chemin à travers l'Europe) et que celui de droite nettoierait ses dents avec la nappe. Il observerait également que l'on crache beaucoup; Erasme lui-même recomman-

1. L'utilisation toujours plus répandue de désodorisants corporels se situe dans cette perspective. Il est correct de dire à cet égard que les désodorisants sont au sexe ce que la censure est à la liberté d'expression.

dait de ne pas retenir sa salive; il faudra attendre le milieu du XIXe siècle pour que *cracher en tout lieu* devienne une *habitude dégoûtante* et le milieu du XXe siècle pour que le besoin de cracher disparaisse.

Reste une question : ce mur affectif, résultat d'un prodigieux refoulement collectif, est-il en train de se lézarder sous l'effet de la *libération sexuelle* ? Norbert Elias, à juste titre, en doute fort. Malgré quelques *reflux de surface*, il lui apparaît au contraire que nous allons vers des formes plus sévères encore de refoulement; nos mœurs balnéaires, par exemple, avec le passage du monokini au bikini, puis du bikini au nokini, supposent un niveau élevé de maîtrise des pulsions. Et la sexualité ne peut être dissociée, répétons-le, de la structure affective globale de l'individu, qui se trouve prise dans un réseau de tabous, d'interdits et d'autocontraintes sans commune mesure avec ce que l'humanité a connu jusqu'à présent[1].

Notre société va vers une *privatisation* sans cesse plus prononcée et plus complète de toutes les fonctions corporelles, vers leur rejet dans des enceintes spécialisées, vers leur déplacement *hors du champ*

1. Comme l'observe Dominique Schnapper, le relâchement actuel des mœurs, par rapport au XIXe siècle, n'est possible que parce qu'un minimum de contraintes et de retenues dans la vie émotionnelle et dans les comportements individuels est intériorisé au point d'être vécu comme un fait de nature. Le relâchement actuel n'est que le jeu avec la norme que prévoit et autorise toute norme sociale; ce n'est pas un viol de cette norme.

visuel de la société, ce qui, pensons-nous, développe en l'homme un *espace intérieur*, espace de plus en plus surmoïque.

Cette maîtrise de soi, cette autocontrainte que sécrète le processus de civilisation et qui nous modèle, rend possible un certain type de rapports sociaux. Si nous prenons l'exemple d'une salle de cinéma (c'est-à-dire d'un environnement où le processus de civilisation est déjà bien établi), on constatera que dans une pièce semi-obscure des hommes et des femmes, des jeunes gens et des jeunes filles sont assis ensemble sans redouter quoi que ce soit. Effectivement, malgré les nombreuses suggestions contenues dans presque tous les films, on n'y assassine pas, on n'y vole pas, on n'y viole pas. Le processus de civilisation a pacifié cette zone dangereuse. L'éducation (et un seul pédagogue est plus utile que cent policiers) a permis de construire chez toutes les personnes présentes une station de relais qui joue le rôle d'appareil de contrôle social. En fait, l'existence de l'ordre dans la salle réside simplement dans la supposition que chacun est capable et prêt à obéir à ses propres injonctions intérieures.

L'agressivité est certes réprimée, mais, à sa place, apparaît la culpabilité, qui ruine chez l'individu toute possibilité de bien-être psychique. L'intériorisation conduit à la tension intérieure. Le danger qui, auparavant, venait de l'extérieur menace maintenant de l'intérieur.

Stratégie médicale et hypothèse masturbatoire

> *Et je rappellerai ici l'essai de Jules Vallès, le violent communard, qui trouvait dans le livre le mobile de la plupart des actions humaines et substituait à l'amusant conseil « cherchez la femme », donné aux historiens et aux psychologues, celui de « cherchez le livre ». L'influence des livres sur les actes individuels et collectifs est, en effet, fabuleuse.*
>
> Julio Caro BAROJA.

Une étrange croisade

C'est en Angleterre, au début du XVIIIe siècle, que la croisade contre la masturbation prit naissance. En 1710, paraissait à Londres un ouvrage anonyme, sans doute de la plume de Bekker, médecin, intitulé : *Onania ou le péché infâme de la souillure de soi et toutes les effrayantes conséquences chez les deux sexes, considéré sous l'angle de recommandations spirituelles et physiques*[1].

1. Le but de l'auteur n'était pas uniquement moralisateur; en même temps que son livre, il lançait sur le marché un remède destiné à parer aux funestes conséquences de la complaisance envers soi. Alex Comfort note que nous avons là le prototype de pas mal de publicités qui, depuis, ont joué d'une façon aussi effrayante, quoique moins moralisante, avec les odeurs corporelles, la constipation et autres ennuis physiques affectés d'une lourde charge psychologique symbolique.

La diffusion d'*Onania* fut remarquablement rapide; traduit en plusieurs langues, il connut d'innombrables rééditions; il répondait à l'attente d'un vaste public, qui ne croyait plus à la démonologie et qui cherchait auprès des médecins, hommes de science, une explication de la folie et des comportements aberrants.

Comme l'écrit Szasz, *Onania* rencontra un grand besoin populaire — peut-être celui d'être trompé par les médecins après l'avoir été par les prêtres. *Onania*, ouvrage relativement modéré si on le compare à ceux qui lui succéderont, attribuait à la masturbation toutes sortes de maux, parmi lesquels : l'arrêt de la croissance, l'épilepsie, l'impuissance, l'hystérie, la détérioration de la moelle épinière. Bekker, son auteur présumé, recommandait, outre ses préparations pharmaceutiques, de fréquentes méditations, une grande prudence aux changements de lune et une diète stricte. Il déconseillait de toucher à son sexe et également d'y penser.

En 1760, la Suisse prend le relais. A Lausanne, paraissent simultanément deux traités, l'un écrit par un médecin, le Dr Samuel-Auguste Tissot (1728-1797) : *Onanisme ou traité sur les maladies produites par la masturbation*[1], l'autre écrit par un pasteur,

1. Toute activité sexuelle, selon Tissot, est dangereuse pour la raison que le flux de sang qu'elle envoie au cerveau, en en privant les nerfs, les rend plus fragiles — d'où s'ensuit la folie.

Dutoit-Membrini : *De l'onanisme, ou discours philosophique et moral sur la luxure artificielle et sur tous les crimes relatifs.*

Avec le déclin des idéologies religieuses, vers la fin du XVIIIe siècle, menacer les masturbateurs de l'enfer ne porte plus : l'ouvrage du pasteur Dutoit-Membrini tombera rapidement dans l'oubli total. Celui du Dr Tissot, en revanche, fera autorité pendant plus d'un siècle. On ne comptera pas moins de 40 éditions différentes publiées jusqu'en 1905 (une édition de 1856 signale qu'il a déjà été diffusé à plus de 100 000 exemplaires, ce qui est beaucoup pour un ouvrage aussi spécialisé). Et tout au long du XIXe siècle, les mises en garde se multiplieront : *les Souffrances du jeune Hubert* (1805), *Avis aux jeunes gens des deux sexes* (1810), *le Tissot moderne* (1815), *Mémento du père de famille* (1860), etc.

En outre, la grande chance de Tissot aura été de servir de source à la plupart des dictionnaires et encyclopédies pendant cent cinquante ans. Les adolescents qui cherchent dans les dictionnaires l'information sexuelle qui leur manque, y trouvent de sévères avertissements : le sexe est dangereux.

Dans le *Grand Dictionnaire universel du XIXe siècle* de Pierre Larousse, on lit ceci, qui donne le ton : « Tous les médecins s'accordent à reconnaître que la masturbation prédispose à un très grand nombre de maladies. Elle ne tarde pas, en effet, à jeter les individus qui s'y livrent sans frein dans un état de faiblesse générale (...). Leurs forces musculaires diminuent de plus en plus et on les voit marcher chancelants, le tronc déjà courbé, alors qu'ils sortent à peine de l'adolescence. Ils sont vieillis et portent tous les stigmates de la caducité à l'heure où leur jeunesse devrait s'épanouir dans toute sa fleur. (...) Les hallucinations, le délire et l'aliénation mentale ne sont pas rares dans ces cas, ainsi que les médecins d'asiles ont pu l'observer. (...) La mélancolie la plus profonde et l'hypocondrie s'emparent de lui (le sujet qui s'est adonné à cette *dégoûtante habitude*). Le souvenir de ce qu'il a été, la pensée de ce qu'il aurait pu être le jettent parfois dans une tristesse pleine de dégoût pour toutes les jouissances de la vie et peuvent le conduire au suicide. S'il ne se tue pas, il s'éloigne de la société qui le méprise et à laquelle il se sent incapable de rendre le moindre service. Il suffit enfin de la vue des autres pour le faire rougir et pour le forcer à baisser les yeux. »

Parallèlement à la publication de ces ouvrages de vulgarisation, dont la substance ne variera guère jusqu'à la Première Guerre mondiale, les sommités de la psychiatrie élaborent force théories sur les effets néfastes du plaisir solitaire. Ces effets s'étendent rapidement du corps au psychisme; les chances de guérison, selon eux, étaient réduites, la thérapie sévère. Très rapidement, l'idée que la folie était provoquée par la masturbation passa de l'état d'hypothèse à l'état de dogme. Et pendant un siècle les médecins menacèrent leurs patients des effroyables conséquences de la masturbation, à peu près dans les mêmes termes que leurs prédécesseurs, les prêtres, avaient terrorisé les fidèles en leur dépeignant les funestes conséquences du péché.

Morton Schatzman observe que la liste des psychiatres qui pensaient que la masturbation endommage les esprits, les cerveaux et les corps, constituerait un véritable annuaire de la psychiatrie du XIXe siècle. Voici, à partir d'un échantillon d'auteurs du siècle passé, le répertoire des prétendues conséquences du plaisir solitaire :

> l'apathie, le désespoir, l'irritabilité, la morosité, l'indifférence, la perte du sens de la dignité personnelle, les obsessions, les impulsions, la suffisance, l'agressivité, l'oisiveté, les éjaculations prématurées, l'impuissance, l'insensibilisation de la sexualité, la frigidité, l'hypocondrie, l'instabilité, la mélancolie, l'hystérie, la neurasthénie, les illusions, les hallucinations, les manies, la catatonie, le suicide, l'épuisement du cerveau, l'altération de la vue, le vertige, la leucorrhée, la descente de matrice, la croissance entravée, le marasme, la dysurie (c'est-à-dire la difficulté d'uriner), la démence et la mort.

La masturbation conduisait à la folie, estimait-on ; mais, pour se masturber, ne fallait-il pas déjà être fou ? Faire aussi peu de cas de son équilibre mental était déjà l'indice d'un certain dérèglement. E. H. Hare, en 1962, a retracé le succès grandissant, puis la désaffection de la croyance que la masturbation est une cause importante de désordre mental. Il dit :

« Elle comportait des dangers insidieux. On croyait que chaque jeune qui se masturbait mettait en danger la vitalité de ses enfants à venir ; et pendant deux cents ans le fantôme affreux de la dégénérescence de la race a terrifié les médecins et les éducateurs du monde occidental... Les médecins se considéraient eux-mêmes comme les gardiens de la civilisation ; ils proclamaient que c'était le devoir des parents et des maîtres de prévenir par tous les moyens chez les jeunes cette habitude de se masturber. Pour ce faire, ils pensaient qu'au stade de l'adolescence, l'appel à la raison ou la perspective d'une maladie à venir pouvaient suffire. Mais chez les enfants, la méthode de prévention la plus satisfaisante était, pensaient-ils, la menace d'un châtiment immédiat et terrible. »

Pour de nombreux psychiatres, comme Krafft-Ebing, non seulement la masturbation est une aberration sexuelle pouvant déboucher sur la folie et sur les psychoses les plus graves, mais les simples pollutions (involontaires) sont déjà un signe pathologique, car elles lèsent gravement le centre de l'éjaculation (la moelle lombaire) et mènent à des troubles de l'érection, à des algies lombo-sacrées et à une asthénie généralisée.

Comme presque tous ses confrères, Krafft-Ebing, dans son ouvrage fondamental *Psychopathia sexualis*, se dit persuadé que la masturbation est le mal originel sur lequel se greffent et se développent toutes les perversions sexuelles : « Les enfants qui s'adonnent tôt à la masturbation, écrit-il, dans la mesure où leur constitution les y prédispose, sombrent souvent dans la démence, la névrose ou la psychose. Le mal, en outre, est héréditaire : une femme qui se masturbait depuis l'âge de huit ans continua cette pratique une fois mariée, et même pendant ses grossesses. Elle eut douze enfants : cinq moururent prématurément, quatre étaient hydrocéphales et deux des garçons pratiquèrent la masturbation, l'un à sept ans, l'autre à quatre. »

Krafft-Ebing est formel : il n'est pas de pervers ou de criminel qui, dans ses antécédents, n'ait connu l'opprobre de la masturbation. Qu'il s'agisse de tortionnaires, de dépeceurs sadiques, de fétichistes, voire d'homosexuels, jamais Krafft-Ebing n'omet de souligner le rôle néfaste de cette *dégoûtante habitude*, de cette *lèpre morale* contractée dès l'enfance.

Les pollutions nocturnes, déjà évoquées par Tissot, sont associées à la masturbation ; leurs séquelles ne le cèdent en rien à celles qui menacent les masturbateurs : atrophie des organes génitaux, altération progressive du système nerveux qui confine à *un affaiblissement du cerveau* ; et, à terme, la folie, l'idiotie ou la mort.

Surveiller, punir, soigner

Avant de combattre, c'est-à-dire de soigner et/ou punir la masturbation, il faut la reconnaître. Un seul regard sur le maintien, le teint et l'expression des adolescents peut déjà suffire. Pédagogues, médecins, prêtres traquent le coupable. Un auteur conseille à l'élève qui s'est adonné au *vice* d'avoir confiance en son professeur, de se faire expliquer et de parler avec lui de la mauvaise utilisation du sperme. A ce moment, l'éducateur devait brusquement changer de ton, mettre un miroir devant le visage de l'adolescent et lui dire *d'une voix sérieuse et émouvante* : « Et tu ne dois imputer ces conséquences qu'à toi-même; voici l'image de ta mort; depuis combien de temps t'adonnes-tu à ce vice ? » On pouvait alors s'attendre à un aveu. Il fallait aussi demander à l'adolescent s'il ne connaissait pas d'autres coupables, surveiller les lits et les sous-vêtements...

Une fois la culpabilité du sujet établie, il fallait appliquer un traitement. Si Tissot écrivait encore : « Un seul regard sur le crucifix aide plus que tout », la plupart des médecins pensaient pouvoir se passer de la religion.

Les méthodes les plus couramment employées pour les deux sexes comprenaient : la castration, la circoncision, l'excision, les ceintures de chasteté, le châtiment corporel, la faradisation de l'épine dorsale (c'est-à-dire une application d'électricité).

On pouvait aussi vous lier les mains ou vous les enfermer dans des sacs avant de vous mettre au lit et, afin de vous empêcher de dormir sur le dos, on vous y fixait, au besoin avec des galets.

Aux hommes et aux jeunes gens, on appliquait encore les *traitements* suivants : enfermer le penis dans un pansement; sectionner le nerf dorsal du pénis pour le priver de sensations et de possibilités d'érection; poser un vésicatoire sur le pénis; faire porter la nuit, sur le pénis, des anneaux de métal munis de pointes ou de dentures susceptibles de s'y enfoncer en cas d'érection; pratiquer l'infibulation, c'est-à-dire tirer aussi loin que possible le prépuce sur le gland, le transpercer à deux endroits, puis passer un anneau entre les deux trous.

Toute érection devenait alors très douloureuse, puisque l'extrémité du pénis touchait à l'anneau. Campe racontait en 1787 l'histoire suivante à propos de la *découverte* de l'infibulation. Un garçon de 10 ans s'était beaucoup masturbé et avait voulu, après avoir lu Tissot, se castrer, par désespoir. Il s'était passé un clou dans le prépuce, puis s'était évanoui; il avait ensuite passé dans les ouvertures encore sanglantes un fil de fer trempé dans l'esprit de camphre et l'avait fermé. Il avait ensuite soigné ses blessures pour les faire guérir. Finalement, cet ingénieux garçon avait remplacé le premier fil par un fil en laiton dont les extrémités étaient recourbées. Campe énumérait les avantages de l'infibulation : l'impossibilité de la masturbation, l'érection douloureuse, la cessation des pollutions nocturnes *(affaiblissement involontaire)*. Campe, lui-même, aurait porté un anneau pendant quinze ans.

Aux femmes et aux jeunes filles, on appliquait les traitements suivants : l'ovarectomie (c'est-à-dire l'ablation de l'ovaire) — ce qui n'avait d'ailleurs pas de sens dans la lutte contre la masturbation —, la clitoridectomie (c'est-à-dire l'ablation du clitoris); l'infibulation des grandes lèvres; parfois, en guise d'avertissement, on coupait simplement un bout du prépuce ou des grandes lèvres.

Ajoutons qu'outre ces interventions chirurgicales, de multiples règles d'hygiène, dont le recensement est particulièrement savoureux, devaient aider à lutter contre le *vice solitaire*. Enfin, on demandait au gouvernement *d'exercer la plus grande surveillance*. La loi devait interdire et punir la masturbation, ce qui est encore le cas dans quelques Etats des Etats-Unis.

Alex Comfort, écrivain et biologiste anglais, observe que, pendant la dernière partie du XIXe siècle, « il y eut un sursaut notoire de ce qu'on pourrait appeler du sadisme pour almanach comique. La *défense et illustration* de ces singulières thérapeutiques n'était pas réservée aux gens bizarres. Vers 1880, celui qui pouvait souhaiter, pour des raisons inconscientes, ligoter, enchaîner, infibuler des enfants ou des aliénés sexuellement éveillés — ces deux catégories étant les plus faciles à capturer — puis les orner d'appareils grotesques, les gainer dans des emplâtres, dans le cuir ou le caoutchouc, leur cautériser l'appareil génital ou leur en extraire les nerfs; des gens, dis-je, animés de telles intentions, pouvaient trouver alors une autorité médicale honorable et humaine pour le faire avec bonne conscience. La folie de la masturbation existait vraiment. Elle avait gagné le corps médical ».

Rappelons enfin que dans de nombreux hôpitaux psychiatriques la castration était un traitement fréquemment appliqué. Le Pr Paul-Emile Flechsig (1847-1929), neurologue et psychiatre éminent, qui fut le médecin du président Schreber, conclut un article consacré à la castration en psychiatrie par ces mots : « Je pense qu'il existe des raisons bien fondées d'utiliser la castration comme un traitement valable contre les névroses et les psychoses. »

Ce qui surprendra sans doute le plus le lecteur, c'est le contraste absolu avec les idées actuelles en la matière. De nos jours, seule la masturbation compulsionnelle (chez des sujets pris dans des structures obsessionnelles) retient l'attention du spécialiste. Et c'est l'absence complète de masturbation chez un adolescent qui est l'annonce d'un trait pathologique[1].

1. Précisons cependant : on ne cesse de répéter que la masturbation est sans danger pour autant qu'elle n'est pas pratiquée avec excès : mais comme l'*excès* n'est jamais défini, l'incertitude demeure quant aux possibilités de se causer du tort par une pratique masturbatoire.

Une économie fondée sur l'épargne

Le délire médical et psychiatrique relatif à la masturbation est d'autant plus curieux que cette dernière, on le sait, n'a pas toujours été un *problème*. La plupart des peuples primitifs observent à son égard une attitude légèrement réprobatrice, tolérante, bienveillante ou encourageante. L'attitude des Egyptiens, des Grecs et des Romains est non répressive. L'autosatisfaction a parfois une place dans la cosmogonie ou les rites. On ne trouve, en outre, dans l'Ancien et le Nouveau Testament, aucun passage faisant allusion à la masturbation.

Quant au crime d'Onan, qui a donné naissance au terme d'onanisme, pris pour synonyme de masturbation, ce n'est point la masturbation, mais le coït interrompu[1]. Dans *le Lévitique*, il est question de l'épanchement du sperme en dehors de la copulation, c'est-à-dire de la pollution, pour laquelle on prévoit les mêmes rites de purification que pour les autres excrétions. « On a l'impression, écrit

1. Alex Comfort précise que le péché d'Onan, pour lequel Dieu le foudroya, n'implique aucunement une participation manuelle. Le malheureux, peu généreusement, avait refusé de se conformer au lévirat, c'est-à-dire à l'obligation d'épouser la femme de son défunt frère et de lui faire des enfants (Genèse, XXXVIII, 9) ; c'est cela, et non pas la pratique du *coïtus interruptus*, qui « déplut au Seigneur, ce pour quoi Il le foudroya », mort qui fut donc la conséquence d'un dédain peu juif envers les obligations familiales. Voir Alex COMFORT, *Les Fabricants d'anxiété*, Éd. Robert Laffont, 1968.

l'historien Jos Van Ussel, que la ma[illegible] n'existe pas dans la société ancienne, ce [illegible] sans doute au fait qu'elle n'était pas prise en considération ou très modérément réprouvée. »

En Europe, jusque dans les dernières années du XVIe siècle, la masturbation n'est pas encore un problème. Pour s'en convaincre, il n'est que de relire avec Philippe Ariès[1] le journal où le médecin du jeune Louis XIII, Heroard, consigne les petits faits de la vie de l'enfant. Louis XIII n'a pas encore un an : « Il rit à plein poumon quand la remueuse lui branle du bout des doigts sa guillery. » Il a un an : « Fort gay, note Heroard, émerillonné; il fait baiser à chacun sa guillery[2]. » Pendant ses trois premières années, personne ne répugne ou ne voit de mal à toucher, par plaisanterie, les parties sexuelles du futur Roi. C'est qu'alors non seulement la masturbation ne faisait pas partie d'un ensemble cohérent, celui que nous entrevoyons, nous, lorsque nous utilisons le terme *sexualité*, mais aussi que le sentiment moderne de l'enfance était encore totalement inexistant. L'enfance, au sens où nous l'entendons aujourd'hui, est une invention du

1. Philippe Ariès, *L'Enfant et la Vie familiale sous l'Ancien Régime*, Ed. du Seuil, 1973.

2. Dans *Partir avant le jour*, Julien Green raconte comment, ayant été surpris les mains dans la région défendue, il fut menacé de castration par sa mère. « I'll cut it off! », s'écria ma mère en brandissant le couteau à pain.

XIXe siècle, comme l'adolescence sera une invention du XXe siècle[1].

S'il fallait trouver un ancêtre à la lutte contre la masturbation, nous pourrions citer le nom du P. Jean de Gerson qui, au début du XVe siècle, dans ses sermons, aussi bien que dans son ouvrage *De confessione mollicei*, entreprit de parler de la masturbation comme d'une conséquence du péché originel; il fut parmi les premiers à s'apercevoir de l'existence de la sexualité chez des enfants âgés de 10 à 12 ans; son action resta cependant limitée; dans les cathéchismes parus depuis le XVIe siècle, la masturbation n'est pas mentionnée. Le sixième commandement concerne essentiellement l'adultère.

Et, comme l'observe Jos Van Ussel, Ignace de Loyola, qui ne laisse passer aucune action répréhensible, ne parle pas non plus de l'autosatisfaction.

C'est pourquoi, continue Van Ussel, lorsque les médecins, et non les théologiens, entreprirent une campagne contre la masturbation au XVIIIe siècle, la population, jeunes ou vieux, ne savait exactement ni ce qu'on entendait par masturbation, ni qu'elle était nuisible, et de plus impie.

1. Rappelons que la conception de l'enfant comme un être à part entière, autonome et distinct de l'adulte, est tout à fait récente, puisque contemporaine de la révolution industrielle. Ce mythe de l'enfance aboutit à faire de l'enfant un être marginal — nouveau sauvage parqué dans des réserves de plus en plus gigantesques — qui ne peut vivre qu'à être sans cesse surveillé. Comme le dit Szasz, « l'enfance est une peine de prison de vingt et un ans ».

Le corps médical, jusqu'au XVIIIe siècle, est soit indifférent, soit favorable à la masturbation; dans l'ensemble, les médecins se ralliaient à l'opinion de Galien qui avait affirmé que la rétention du sperme provoquait parfois des maladies; ainsi, par exemple, le médecin français Arnaud de Villeneuve (env. 1235-1312) recommandait pour l'hygiène de faire sortir du corps par la masturbation la vieille semence qui, après une longue rétention, pouvait être toxique.

D'où vient alors qu'au XVIIIe siècle la masturbation se trouve chargée d'expliquer les misères physiques et morales qui accablent l'homme et qu'elle fasse l'objet d'un véritable délire médical ?

A cette question Jos Van Ussel donne une réponse qui nous semble insuffisante. Se ralliant à l'historien Norbert Elias, il estime qu'il existe un parallèle entre la lutte contre la masturbation et les règles répressives, déterminées de l'extérieur, relatives aux crachats, au fait de roter, de bâiller, d'éternuer, de ronger ses ongles ou de transpirer. La répression de nos activités instinctuelles, et parmi elles de la masturbation, ferait partie du processus même de la civilisation, qui conduit inéluctablement à une certaine désexualisation et à l'intériorisation des contraintes sociales. En outre, observe encore Jos Van Ussel, avec le règne de la bourgeoisie le corps fut transformé d'organe de plaisir qu'il était en organe de performance, rendant ainsi impossible l'expérience voluptueuse du sexe. « Un des symboles de cet esprit de performance, écrit-il, est la chaise, la chaise rigide sur laquelle on est assis, séparé des autres, dans la meilleure position pour travailler. Tandis que les Grecs et les Romains mangeaient allongés, nous mangeons assis, dans la meilleure position de travail. »

S'il est vrai qu'il n'est pas possible de séparer les conceptions d'une époque quant à la nature, à la vie, au corps et à ses fonctions; s'il est vrai également qu'elles sont largement déterminées par le système économique en vigueur, il reste que la répression de la masturbation a connu au cours de ces deux derniers siècles une telle extension qu'une explication générale, comme celle proposée par Van Ussel et Elias, pour pertinente qu'elle soit, demande à être envisagée de façon plus spécifique.

Ainsi, Philippe Lejeune[1], avec les auteurs précités, observe que, comme les *maux* qu'engendre la masturbation sont, sur le plan scientifique, plutôt imaginaires, il faut bien voir dans la croisade médicale qui se développe alors une entreprise de répression de la sexualité. Mais pourquoi la masturbation ? C'est que l'onanisme est en général la première forme que prend l'activité sexuelle chez les adolescents : frapper la masturbation d'interdit, c'est *terroriser* et culpabiliser l'activité sexuelle dans sa

1. Philippe LEJEUNE, « Le " dangereux supplément " de Rousseau », in *Annales*, juillet-août 1974, Armand Colin.

source même, au moment de sa découverte. Il en restera toujours quelque chose. Et ensuite la peur des maladies vénériennes prendra le relais.

« La croisade contre la masturbation, écrit Lejeune, vise en réalité l'activité sexuelle dans son ensemble : elle s'appuie sur une théorie de l'*excès sexuel*, de la *dépense* exagérée, qui amène l'affaiblissement, l'épuisement et la mort. » Ces concepts médicaux prennent évidemment tout leur sens si on les traduit en termes économiques. Une activité libre et incontrôlée, gouvernée par le plaisir, est incompatible avec une économie fondée sur l'épargne, le contrôle de soi et la prévoyance. Cette peur de la dépense et de l'épuisement vital, observe encore Lejeune, c'est elle qu'on retrouve dans le fantasme balzacien de *Peau de chagrin*, c'est elle qui est le fondement de toute la morale bourgeoise jusqu'au début du XXe siècle.

Médicaliser la société

Thomas Szasz, dans son maître livre *The Manufacture of Madness*, a proposé une explication qui complète celle de Lejeune.

Grosso modo, pour Szasz, en même temps que les hommes cessaient de croire au démon, à la sorcellerie, à Satan, il se produisait, dans l'explication que l'homme cherche toujours à donner du mal, un déplacement. Ce n'était plus à un pacte avec le diable ou à de malveillantes sorcières et ensorceleuses que l'homme attribuait ses maux, mais à la masturbation. La figure du médecin supplantait celle du prêtre et le bouc émissaire, après la sorcière, devenait le masturbateur dont le symbole est le fou se masturbant dans l'asile. Aujourd'hui, toujours selon Szasz, dans nos vastes termitières, la quintessence du mal est figurée par le malade mental. « Nous n'avons jamais affaire, écrit Szasz, à un individu singulier qui offense un autre individu. Quelque chose ou quelqu'un — le diable, la masturbation, la maladie mentale — interviennent toujours pour obscurcir, excuser et expliquer l'inhumanité de l'homme. »

En outre, plus que quiconque, et à juste titre, Szasz a insisté sur le rôle joué par l'idéologie médicale, dont le but est de médicaliser de plus en plus la société, de même que le but du christianisme était d'évangéliser tous les esprits. Le christianisme y parvenait en considérant tous les hommes comme pécheurs (doctrine du péché originel) et en leur laissant croire qu'ils ne pouvaient être *sauvés* que par l'Eglise. La médecine, elle, considère tous les hommes comme *malades* (l'hypothèse masturbatoire étant reformulée aujourd'hui dans le sens de la maladie mentale) et ne pouvant être guéris qu'avec l'aide de la profession médicale.

A cet égard, le traitement réservé par le corps

médical à la masturbation est passionnant à étudier, car il illustre à merveille l'impérialisme médical et psychiatrique. Pour conquérir une nouvelle partie de la vie humaine à la médecine, il est nécessaire dans un premier temps de définir le fonctionnement normal du corps comme la manifestation de sa maladie. Ce tour de passe-passe accompli, l'étape suivante consiste à définir l'intervention destructrice du médecin comme traitement médical. La troisième et dernière étape, typique de la psychiatrie, consiste à imposer au patient contre sa volonté une intervention destructrice. Le triomphe de l'impérialisme médical est complet quand ce dernier considère comme *malades* des fonctions corporelles et mentales normales, et comme des traitements, des interventions nuisibles.

Enfin, on ne s'étonnera pas trop que, dans la plupart des histoires de la psychiatrie, on ne mentionne pas *l'hypothèse masturbatoire;* cette lacune sert les intérêts de la psychiatrie, en tant que forme de l'oppression, et la préserve de toute mise en question, lui facilitant ainsi son exploitation des esprits.

Le conformisme social

Il convient peut-être en dernier lieu d'insister sur un facteur généralement négligé : l'importance du conformisme social dans l'adoption de croyances de masse.

Un psychologue américain, J. E. Asch[1], s'est attaché par une série d'expériences à montrer l'importance de ce facteur. Il désignait à six sujets une ligne de longueur donnée et leur demandait de trouver son équivalente parmi trois autres lignes. En réalité, tous les sujets du groupe, à l'exception d'un seul, avaient secrètement reçu comme instruction de choisir une ligne *fausse* à chaque test ou dans un certain pourcentage de tests. Le sujet *naïf*, véritable objet de l'expérience, était placé de façon à pouvoir entendre les réponses des autres membres du groupe avant de donner la sienne.

Asch observa alors que la plupart des sujets exposés à cette forme de pression sociale se rangeaient à l'avis du groupe plutôt que d'accepter le témoignage irréfutable de leurs yeux.

En outre, une fois *mis dans le coup*, les sujets furent unanimes à sous-estimer l'influence que le groupe avait exercée sur leur jugement. Ils affirmaient que la pression sociale était un facteur très secondaire et s'efforçaient de faire croire que seule leur volonté avait joué, et cela même lorsqu'ils avaient cédé à la pression du groupe dans chacun des tests. S'ils avaient commis des erreurs de jugement, ils les revendiquaient avec insistance, les

1. J. E. Asch, « Effects of Group Pressure upon the Modification and Distorsion of Judgement », in *Groups, Leadership and Men*, publié sous la direction de H. Guetzkow, Carnegie Press, 1951.

imputant à leur manque de discernement ou d'appréciation. Tous minimisèrent la pression du groupe dans leur décision.

Cette tendance humaine à adopter des erreurs collectives, note Szasz, semble faire partie intégrante de la nature sociale de l'homme.

L'exil intérieur

> *Ni les marginalités passives ou actives, ni les contre-sociétés actives ou passives, ni les sectes qui se croient supérieures, ni les pouvoirs et les contestations ne changent rien au destin de l'*homme moyen : *devenir avec des* moyens médiocres *le maître de la planète, en tant qu'humanité maîtrisée. L'homme de cette humanité bascule de l'égoïsme individualisé dans l'égoïsme socialisé, c'est-à-dire dans le soi-disant altruisme — car égoïsme et altruisme se ramènent au même mobile — et reste foncièrement* médiocre *et* moyen.
>
> Kostas AXELOS.

Absents du monde

Au moindre danger, l'antenne de l'escargot, symbole de l'intelligence, si l'on en croit Méphistophélès, se retire immédiatement dans sa coquille; l'homme aussi, devant un obstacle qu'il redoute, cherche un abri protecteur. Il le trouve dans son monde intérieur. L'homme qui, paralysé par la peur, ne sort plus de sa coquille, les psychiatres le nomment *schizophrène*. Inapte à la vie communautaire, il vit retranché dans sa forteresse intérieure; c'est, nous dit-on, un *malade mental*. Généralement, on l'isole avec d'autres malades mentaux — dans un lieu abstrait, hors du temps, hors du monde : *l'hôpital psychiatrique.*

Le schizophrène renvoie à l'individu normal, ou du moins à celui qui se croit ou se veut tel, une image de l'humaine condition qui l'effraye et le blesse dans son fragile narcissisme; aussi l'invalide-t-il en le considérant comme *fou*, *aliéné*, *dément*, étranger à sa condition d'homme, et le confie-t-il à des psychiatres; ces derniers auront à cœur de l'isoler, de l'enfermer et, dans les meilleurs des cas, de le soigner.

Pourtant, pour qui sait l'observer, l'individu *normal* n'est pas si éloigné du *fou* qu'il le croit; chaque nuit, il rêve et il délire; et, plusieurs fois par jour, il transgresse la limite si mouvante (et conventionnelle) qui sépare les états d'âme normaux des états d'âme pathologiques.

En outre, l'homme de la modernité, quand il n'est pas schizophrène, est volontiers schizoïde; incommunicabilité, solitude, ennui, morosité, dégoût, ces maîtres mots de sa détresse subie et acceptée résument son expérience. Et du cabinet du généraliste, comme du divan du psychanalyste, s'élève la lugubre complainte des incompris, des angoissés, des suicidaires, des insatisfaits, des dépressifs, des laissés-pour-compte... comme si l'homme de la modernité s'appréhendait essentiellement à travers ses troubles, ses symptômes, ses désordres biologiques et/ou psychiques. La maladie comme dernier refuge de la créativité.

Progressivement, comment n'y pas être sensible ?

l'exil intérieur devient la condition de chacun ; les relations fantasmatiques l'emportent sur les relations réelles ; l'espace intérieur sur l'espace extérieur ; l'imaginaire individuel sur le social ou le collectif.

Absents du monde, nous vivons dans une rêverie ininterrompue où les êtres et les choses acquièrent une dimension qu'ils ont perdue dans la réalité ; le dialogue ne s'engage plus avec autrui dans son être physique, matériel, mais avec autrui tel que le désir le modèle, le construit dans nos fantasmes ; schizoïdes hors des murs de l'hôpital psychiatrique, comment ne serions-nous pas schizophrènes à l'intérieur de ces murs ?

Schizos « éteints », humanité « éteinte »

La folie jouit d'un certain prestige culturel ; elle promet, croit-on, un univers primordial, une existence sauvage, ouvrant un horizon infini d'expériences. « Ce prestige de la folie, écrit Antoine Vergote, s'apparente à celui du rêve pour les Anciens ou pour l'âme romantique. Dans la nuit de la raison, l'homme est supposé communiquer avec les forces génératrices que la grande nature refuse à la raison. Bien plus profondément encore que par le rêve, en dessous des images du monde normal aboli, la folie paraît demeurer au plus proche d'un éternel commencement[1]. »

Cette fascination de la folie, comme expérience métanoïaque, comme déconstruction de systèmes opposés, comme refus radical, ne peut que se trouver exacerbée par les conditions de vie réelles — et médiocres — de chacun ; elle appartient, tout comme la religion, au registre de l'illusion ; et, à ce titre, elle est symptomatique. Céder à la fascination par la séduction esthétique de la folie, c'est méconnaître ce qui dans la folie s'abolit. C'est succomber à la tentation idéaliste.

Ce qui nous apparaît, en revanche, c'est que le schizophrène, aujourd'hui, dans nos sociétés techno-bureaucratiques et social-capitalistes, est le double, voire parfois la caricature, du petit-bourgeois, figure historique dominante, *dernier des hommes*, au sens nietzschéen. Chaque société a les fous qu'elle mérite ; la nôtre produit des schizos *éteints*, englués dans leur misère psychologique, coupés d'autrui, dissociés, de même qu'elle produit des individus *éteints*, englués dans leur misère psychologique, coupés d'autrui, dissociés. La différence n'est que de degrés. C'est pourquoi, enfin, quand bien même nous barbouillerions le corps du schizo de slogans révolutionnaires, nous ne pouvons pas faire qu'il ne soit pas *nous*.

A cette schizoïdie généralisée, à cet appauvris-

1. Antoine Vergote, *Interprétation du langage religieux*, Ed. du Seuil, 1974.

sement des relations objectales, de multiples explications ont été et seront encore données. Celles que nous cherchons à cerner, à préciser dans cet ouvrage, résultent de notre travail, théorique et pratique, de psychologue. Un sociologue, un économiste, un historien en proposeraient sans doute d'autres. Tout comportement humain, pensons-nous avec Georges Devereux[1], est susceptible d'au moins deux discours : un discours psychologique (ou psychanalytique) et un discours sociologique (ou marxiste); de ces deux discours — complémentaires et se déployant à l'intérieur d'horizons différents — on ne demandera pas : « Sont-ils vrais ? », mais : « Quel est leur degré de probabilité à la lumière des observations dont on dispose ? » ou : « Dans quelle mesure expliquent-ils ces observations ? »; les logiciens, en effet, ont démontré à maintes reprises que l'on peut construire plusieurs théories sur une même série de données[2].

L'inculcation du modèle schizoïde

L'honnêteté veut que nous reconnaissions ici notre dette à l'égard de Georges Devereux, dont nous suivrons au plus près les analyses. Georges Devereux est, en effet, à notre connaissance tout au moins, le

1. Georges DEVEREUX, *Ethnopsychanalyse complémentariste*, Ed. Flammarion, 1972.
2. Gérard FOUREZ, *La Science partisane*, Ed. Duculot, 1974.

seul psychanalyste à avoir vu que si la schizophrénie est presque incurable, cela tient non pas à son origine, mais au fait que ses principaux symptômes sont systématiquement encouragés par quelques-uns des aspects les plus importants de notre civilisation moderne.

Dans *la Schizophrénie, psychose ethnique*[1], Georges Devereux écrit : « J'examinerai un à un les modèles schizophréniques les plus courants et les plus caractéristiques de notre société et démontrerai qu'ils sont valorisés et donc activement nourris et entretenus par la civilisation moderne[2]. » Nous nous bornerons ici à reprendre quelques-uns parmi les plus importants de ces *modèles schizoïdes*.

1. Georges Devereux, *Essais d'ethnopsychiatrie générale*, Ed. Gallimard, 1970.

2. Par exemple :

— impersonnalité des relations humaines avec le passage de la *Gemeinschaft* à la *Gesellschaft*;

— froide objectivité comme idéal scientifique;

— indifférence affective et isolement dans les grandes métropoles;

— sexualité réduite à la fornication;

— fragmentation de nos comportements quotidiens, due à ce que nous appartenons à tout un ensemble de groupes qui nous imposent des rôles souvent contradictoires, ce qui fait que notre conduite cesse d'être cohérente pour devenir morcelée;

— pseudo-rationalisme qui n'est de plus en plus qu'une justification de nos fantasmes ou qu'un déguisement, à la mode scientifique, de notre imaginaire (et non du réel);

— perte du sentiment de notre engagement dans le monde social; nous nous sentons de plus en plus *possédés, manipulés, dépendants* de forces sur lesquelles nous ne pouvons rien;

— pénalisation enfin de l'autonomie de l'homme, qui ne peut plus se réaliser en tant que *personnalité* véritable, indépendante et libre, ce qui fait qu'il ne lui reste plus que la rébellion.

LE DÉTACHEMENT, LA RÉSERVE

Incontestablement, le détachement, la réserve, la froideur — de même que notre attrait pour le cérébral — sont des comportements qui ont valeur exemplaire dans notre société; ce n'est certes pas un hasard s'ils sont également caractéristiques de la symptomatologie schizophrénique.

De nos jours, observe Georges Devereux, on ne gagne la considération d'autrui, on ne fait son chemin dans la société qu'à condition de se montrer froidement impersonnel et objectif, de tenir le *Moi pour haïssable*, de se garder de toute manifestation d'émotivité, de n'admirer rien, l'idéal étant l'impassibilité du diplomate ou du joueur de poker habile — ou encore celle de l'administrateur qui présente au monde un *visage de pierre*. Le prestige de l'insensibilité est tel que même les êtres les plus réellement sensibles, les plus émotifs, affectent un profond mépris pour l'émotivité. On comparera avec profit cette attitude avec celle, diamétralement opposée, qui prévalait chez les Indiens Mohave avant qu'ils ne fussent décimés. Les Mohave méprisaient les Blancs précisément pour leur réserve, car ils furent les seuls à ne pas pleurer lors des funérailles de Maravilye, le héros culturel Mohave.

La plupart des patients que nous traitons en psychanalyse sont incapables d'aimer et il en est moins encore parmi eux qui supportent d'être aimés. « Tout homme capable de tomber amoureux de moi, confiait l'une de ses malades à Georges Devereux, est un imbécile, car il aime une salope et une bonne à rien. » Une autre avait accepté d'être la maîtresse d'un homme à la condition expresse qu'il ne tombât pas amoureux d'elle et qu'il eût d'autres maîtresses en même temps, afin de parer au risque qu'il ne s'engage *affectivement* envers elle. Derrière ce masque de souveraine indifférence se dissimule toujours un profond sentiment d'insécurité et de mépris de soi.

Il est une expérience que nous avons tous faite. Revenant après quelques jours ou quelques semaines d'un pays dit *sous-développé* où, malgré la misère, la vie est encore chaleureuse, on arrive un beau matin à Orly; on prend le métro; on observe; et on est saisi d'effroi et de stupeur en regardant ces visages figés et cadavériques qui se déplacent à un rythme rapide et stéréotypé dans un mutisme parfait. Comment ne pas songer alors à ces schizophrènes chroniques, ces *schizos éteints*, que l'on voit déambuler sans fin dans les couloirs de l'hôpital psychiatrique ?

LE MORCELLEMENT ET L'ENGAGEMENT PARTIEL

Le morcellement et l'engagement partiel sont, eux aussi, systématiquement favorisés par notre société. La plupart de nos activités quotidiennes, fragmentées à l'extrême, n'exigent que peu ou pas d'engagement total de notre part. Les affaires sont les affaires et ne souffrent pas d'être mêlées à l'amitié ou à l'amour. La recherche d'une efficacité des rapports humains est devenue un principe absolu. Si notre société favorise, encourage le développement des affaires, elle circonscrit en revanche toujours plus étroitement le champ des échanges affectifs de l'individu.

Dans une société archaïque, si je veux acheter six œufs et bien que tout le monde sache ce que valent ces six œufs, il y aura une négociation qui va durer une heure. On échangera des informations, on discutera, on fumera, on offrira du thé; en revanche, dans nos sociétés *modernes*, l'autre est réduit à une pure fonction instrumentale; nous le côtoyons, mais nous ne le rencontrons jamais. Nous vivons socialement dans une sorte de vaste *coït interrompu* généralisé où chaque stimulation, après avoir déclenché un désir brutal et limité, ne peut qu'avorter. Il en résulte que le peu de rapports *vrais*, *authentiques*, *profonds* que nous avons (ainsi que les quelques heures que l'on passe chaque soir avec son épouse ou son époux) doivent servir de soupape de sécurité pour toutes les stimulations manquées de la journée. Résultat : il en découle une interaction si violente, si dense, si concentrée, qu'elle devient insupportable et ne peut conduire qu'à de nouvelles frustrations.

Imaginons, suggère malicieusement Georges Devereux, un professeur de grec qui viendrait exposer devant l'Association des Parents d'élèves d'une petite ville de province la théorie (implicite) de Platon qui exige du professeur qu'il soit amoureux de ses élèves (mâles) : la scène ne manquerait pas de sel! Et, que l'on adhère ou non à la théorie de Platon, force est de reconnaître que, pour le meilleur et le pire, les Grecs n'auraient pu vivre des rapports humains morcelés et impersonnels.

Et quelque chose d'apparemment aussi incongru et impersonnel que la relation analytique (fauteuil/divan) aurait été impossible à admettre avant le XIXe siècle. D'ailleurs — et le fait a été relevé par Devereux —, tant que dans notre propre société les rapports humains sont demeurés chaleureux et directs, on eut peine à admettre que le psychanalyste ne couchait pas avec ses patientes, et les plaisanteries à ce sujet étaient monnaie courante. Si cette source d'anecdotes semble bien tarie aujourd'hui, ce n'est pas que nos contemporains en ont reconnu le mal-fondé, mais parce que la réserve affective dont ils font eux-mêmes preuve dans leur vie quotidienne leur rend moins *incompréhensible* la réserve professionnelle du psychanalyste.

« Le rôle social prépondérant assigné aux rapports impersonnels et morcelés, orientés vers des objectifs précis et assujettis à des critères d'efficacité, suffit à expliquer où et comment le schizophrène apprend l'art de se dérober aux engagements », écrit G. Devereux.

L'infantilisme est, lui aussi, profondément enraciné dans notre modèle socio-culturel. On sait que les schizophrènes — et même certains schizoïdes — ne paraissent pas leur âge. Or, curieusement, notre société voue un culte proprement fétichiste à cette apparence juvénile, nous incitant systématiquement à penser, sentir et agir en enfants de 10 ans; de là à la régression fœtale du schizo, il n'y a qu'un pas, et c'est le premier pas qui coûte. « Mais des adultes intelligents et mûrs, voilà bien ce qu'aucun pays dit civilisé ne se soucie d'obtenir, car rien n'est plus difficile à gouverner que des adultes intelligents », conclut Devereux.

Ainsi que François Laplantine[1] l'a bien vu, notre société ne se contente pas de multiplier les aliénations et les frustrations; elle les contrôle et les oriente en leur fournissant des exutoires eux aussi pathologiques.

Parmi les techniques régressives, publicitaires ou privées, qui ont pour but de créer un état d'euphorie affective et d'hébétude susceptible d'empêcher — ou dans le meilleur des cas de différer — l'affrontement

1. François Laplantine, *Les Trois Voix de l'imaginaire*, Ed. universitaires, 1974.

des individus avec leur propre angoisse, mentionnons à la suite de Laplantine :

— l'emploi massif des drogues officielles ou non, de l'alcool et du tabac; leur effet anti-anxiogène aide nos sociétés à survivre tant bien que mal sans qu'une catastrophe psychiatrique s'étale au grand jour;

— la fonction hypnotique et narcotique des machines à images (cinéma, mais surtout télévision) qui désintègrent le spectateur de sa vie familiale et de sa relation au monde de la nature, l'engourdissent, l'assomment dans la passivité béate de sa position assise;

— l'utilisation sadique-anale des voitures qui satisfait à la fois notre goût morbide de la compétition et de la rivalité et aussi l'euphorisation que provoque la vitesse;

— enfin, la prolifération des clubs de vacances et de loisirs qui sont de véritables *cliniques d'oubli* pour les grands blessés psychiques de notre société. Là, des infirmières et des moniteurs brevetés prennent en charge ceux qui sont devenus de véritables malades, leur assurant pendant quelques semaines une vie végétative parfaite et un supplément de félicité sensorielle qui correspond pour l'inconscient à une régression préœdipienne.

Dans cette société, note Georges Devereux, vouloir s'accomplir en tant qu'être humain, et non pas se comporter comme simple rouage d'une machine, conduit tout droit à l'hôpital psychiatrique.

On ne s'étonnera pas alors d'apprendre que la proportion la plus élevée de maladies mentales s'observe aujourd'hui aux Etats-Unis, dans les pays Scandinaves, en Suisse, c'est-à-dire dans les sociétés les plus urbanisées, les plus électronisées, les plus contrôlées, les plus épuisantes psychiquement et les moins communautaires de toutes.

Après avoir passé en revue quelques-uns des principaux modèles schizoïdes proposés/imposés par nos sociétés techno-bureaucratiques et social-capitalistes, Georges Devereux aboutit à la conclusion suivante :

« Je suis convaincu que, lorsqu'on fera l'histoire de la maladie mentale, on parviendra éventuellement à prouver que les sociétés qui, comme l'Athènes préplatonicienne, ont eu un fonctionnement quasi optimum n'ont connu que des désordres ethniques de type bénin, telle l'hystérie, alors que les sociétés à leur déclin : Sparte à partir du IVe siècle avant Jésus-Christ, Rome à l'époque de la pire décadence, ont souffert de psychoses ethniques graves, telle la schizophrénie.

« Une chose est tout au moins certaine : le pourcentage *croissant* des névroses latentes graves et, plus particulièrement, des psychoses dans les systèmes sociaux condamnés à disparaître est parmi les faits historiques les plus méconnus (...).

« Notre société devra cesser de favoriser par tous les moyens le développement de la schizophrénie de masse, ou elle cessera d'être. S'il est encore temps de recouvrer notre santé mentale, l'échéance est proche. Il nous faudra regagner notre humanité dans le cadre même de la réalité, ou périr. »

Cette mise en garde de l'ethnopsychiatre Georges Devereux mérite attention. Nous ne partageons cependant pas cette vision apocalyptique de l'effondrement de l'Occident contemporain dans la schizophrénie. Nous pensons plutôt que l'homme de la modernité, schizoïde et morcelé, va s'étendre planétairement et que le processus de *modernisation* et de *normalisation* en cours n'en est qu'à ses débuts; les rêveries apocalyptiques, révolutionnaristes ou progressistes/humanistes, ne sont et ne seront jamais plus qu'un remède à la dépression plus ou moins ressentie par tel ou tel individu ou par telle ou telle partie du corps social.

Tout se passe en quelque sorte comme si l'avenir était derrière nous, comme les eaux d'une rivière pour un pêcheur à la ligne, observe le philosophe Kostas Axelos; c'est le passé qui nous a déjà dépassés. Le capitalo-socialisme techno-bureaucratique qui est notre lot réduit considérablement les choix politiques, si tant est qu'on puisse encore choisir la politique qui s'impose. « L'Etat démocratico-totalitaire, continue Kostas Axelos, plus ou moins policé, ne peut pas se passer de police — révolutionnaire, conservatrice ou progressiste, voire même gauchiste. Il n'est par conséquence pas faux de dire que nous sommes arrivés — enfin ? — à un état *sans* alternative. Simultanément, tout devient critiquable. Le positivisme de droite, du centre et de gauche, ainsi que la restauration, parfois révolutionnaire, détermine la constellation de l'époque. La contestation (...) est assimilée, minimisée, récupérée, émasculée, neutralisée. La contestation de la contestation ne va pas bien loin. La prolifération des utopies engendrées assure de manière commode et anodine le *bon* fonctionnement des institutions existantes, en constitue une soupape de sûreté[1]. »

Religion et maladie mentale

Si l'on prend *religion* dans son sens étymologique, c'est-à-dire ce qui lie, ce qui unit les hommes entre eux (religion vient du latin : *religare*, relier), il n'est pas faux de dire que si notre société est *malade*, c'est qu'elle a perdu le sens du *religieux*, du *sacré;* cette thèse, développée par René Girard, dans *la Violence et le Sacré*[2] (« Quand le religieux se décompose, écrivait Girard, ce n'est pas seulement ou tout de suite la sécurité physique qui est menacée, c'est

1. Kostas Axelos, *Pour une éthique problématique*, Ed. de Minuit, 1972.
2. René Girard, *La Violence et le Sacré*, Ed. Grasset, 1972.

l'ordre culturel lui-même »), a été reprise par Christian Delacampagne dans son livre *Antipsychiatrie; les voies du sacré*[1].

« La psychose, écrit Delacampagne, est une maladie des sociétés individualistes ou faussement collectivistes où d'authentiques relations humaines sont devenues impossibles et où le sens de la vie sociale, c'est-à-dire le sens des rites, s'est perdu. »

La société féodale, observe Delacampagne, avait un *garant* qui justifiait la hiérarchie, la faisait aimer, la rendait vibrante; ce garant, c'était Dieu... Si notre société est *malade*, c'est parce qu'elle a cru pouvoir remplacer le rite par l'argent et la voix de Dieu par celle de la... télévision, comme garant idéologique du système.

Et, pour étayer sa thèse, Christian Delacampagne rappelle les travaux désormais classiques de Durkheim sur le suicide (1897). En effet, comme Delacampagne, Durkheim voyait dans la religion une force intégrative et il a établi, pour les suicides, que ceux-ci variaient en raison inverse du caractère intégrateur de la religion : plus de suicides chez les protestants que chez les catholiques, plus de suicides chez les catholiques que chez les juifs, comme si la soumission à une Eglise de type communautaire délivrait l'individu de la hantise de ses problèmes,

1. Christian DELACAMPAGNE, *Antipsychiatrie ; les voies du sacré*, Ed. Grasset, 1974.

comme si le suicide allait en augmentant au fur et à mesure que l'on passe de ces religions communautaires aux religions plus individualistes.

Des faits analogues se vérifient pour ce qui est de la santé mentale. On trouve pour les maladies mentales, exactement comme pour les suicides, plus de personnes atteintes chez les protestants que chez les catholiques et chez les catholiques que chez les Israélites, par rapport aux pourcentages de ces groupes religieux dans la population totale.

Christian Delacampagne cite également le cas des Huttérites (il s'agit d'une secte d'anabaptistes vivant en communautés très fermées aux Etats-Unis et au Canada) : le taux de schizophrénie se trouve être un des plus bas qui soient. Si la cohésion sociale n'empêche pas l'éclosion de troubles mentaux, elle joue un rôle efficace pour les réduire. Même remarque pour les sociétés primitives (celles qui sont bien intégrées en tout cas) : la maladie mentale et le suicide y sont pratiquement inconnus. Or la caractéristique fondamentale de ces sociétés, c'est que tout y est *religieux;* les conduites individuelles ne sont pas encore *privatisées;* à la limite, d'ailleurs, l'individu n'existe pas; seul existe le groupe.

C'est exact : des sociétés mieux intégrées, des styles de vie plus communautaires constituent une protection contre l'angoisse, le suicide, la maladie mentale. Freud relevait déjà que l'acceptation d'une névrose universelle dispense le sujet de la tâche de se créer une névrose personnelle. Cela dit, il n'en demeure pas moins que le processus de civilisation nous a rendus inaptes à toute vie communautaire; et que cette dernière fonctionne essentiellement aujourd'hui comme objet de nostalgie, comme *bon* objet a-conflictuel, d'autant plus valorisé dans l'imaginaire individuel ou collectif que le froid et la solitude nous gagnent.

Il n'est cependant jamais bon de s'apitoyer sur soi-même; la lucidité exclut la pitié; et le destin de l'homme de la modernité n'est pas sans ironie. Car, enfin, être libre de toute attache, avoir pour devoir le plus sacré de tuer son père et sa mère, ne pas craindre le suicide, le désirer souvent, se penser et se vivre comme individu unique et irremplaçable, créer et cultiver sa névrose, être tout à la fois *parricide* et *apatride* — et seuls les parricides et les apatrides méritent encore quelque respect —, voilà qui est enfin possible et qui, dans nos médiocraties anonymes et totalitaires, constitue un jeu qui peut ne pas être sans charme[1].

1. Comment ne pas évoquer ici les splendides pages de Stefan Zweig sur Nietzsche ? « Avec Nietzsche, écrit Zweig, apparaît pour la première fois sur les mers de la philosophie allemande le pavillon noir du corsaire et du pirate... Derrière lui, comme après l'incursion des flibustiers, on trouve des églises violées, des sanctuaires millénaires profanés, des autels écroulés, des sentiments insultés, des convictions assassinées, des bercails moraux mis à sac, un horizon d'incendie, un monstrueux fanal de hardiesse et de force. Mais il ne se retourne jamais, ni pour jouir de ce qu'il a acquis, ni pour en faire

sa propriété : l'inconnu, ce qui n'a jamais été encore ni conquis, ni exploré, est sa zone infinie; son unique plaisir, s'est d'exercer sa force, de *troubler les endormis*. N'appartenant à aucune croyance, n'ayant prêté serment à aucun pays, ayant à son mât renversé le drapeau noir de l'immoraliste et devant lui l'inconnu sacré, l'éternelle incertitude dont il se sent démoniaquement le frère, il appareille continuellement pour de nouvelles et périlleuses traversées. Le glaive au poing, le tonneau de poudre à ses pieds, il éloigne son navire du rivage et, solitaire dans tous les dangers, il se chante à lui-même, pour se glorifier, son magnifique chant de pirate, son chant de la flamme, son chant du destin :

Oui, je sais d'où je viens;
Irradié comme la flamme,
Je brûle et je me consume;
Tout ce que je touche devient lumière
Et tout ce que je laisse devient charbon.
A coup sûr, je suis flamme... »

Processus d'invalidation et antipsychiatrie

> *Les fous, le folklore les aime plutôt un peu vifs, le bruit et la fureur, les cris de bête, la violence animale, l'agitation forcenée (...). Convention que tout cela : pour un vociférant vingt muets; pour un agité cent statues.*
>
> Roger GENTIS.

Les bonnes manières

Paradoxalement, dans une société aussi bien organisée, aussi pacifiée et policée que la nôtre, où le fou ne court plus les rues, l'image du *fou-en-liberté* déclenche de véritables paniques chez des individus apparemment normaux.

C'est sans doute qu'au départ le malade mental[1] est celui qui ne paye pas sa dette de civilité dans le face à face de la vie quotidienne. Il interpelle l'ordre social (par exemple : par un refus immotivé d'aller au travail, par une altercation sur la voie publique, par un comportement personnel bizarre...) qui, aussitôt, l'interpelle, lui, le fou, en le priant de s'expliquer sur son ordre mental personnel.

Comme l'a bien vu Jacques Vonèche, le fou,

1. Précisons que nous utilisons l'expression *malade mental* dans un sens purement métaphorique.

c'est l'anti-diplomate par excellence; il ne respecte pas les règles de civilité, ne commerce pas avec autrui selon le rituel requis; il détruit le décorum qui règle nos échanges personnels. Et ce n'est certes pas un hasard du vocabulaire si les bouffons sont aussi appelés des fous. Ils remplissent la même fonction de dégonflage, de dérision des grands airs que les maîtres du monde se donnent si volontiers[1].

Il y a dans les règles de savoir-vivre une notion essentielle : la maîtrise de soi. C'est aussi une notion centrale en psychiatrie. Elle permet la distinction importante pour la pathologie mentale entre la psychose et la névrose. Est seulement *névrosé* l'individu qui sait se retenir de faire ce qui lui passe par la tête. Est, par contre, *psychotique*, celui qui ne sait plus se tenir[2]. C'est la même observation de maintien, note encore J. Vonèche, qui sert à l'évaluation du comportement de la duchesse de Buckingham en présence d'une guêpe et au diagnostic du degré de maladie mentale. L'impassibilité de la duchesse est un signe de sa haute naissance, tandis que l'impassibilité du fou est considérée comme la preuve de son *mauvais contact avec le réel*. Ceci sans aucune

1. Jacques Vonèche, « La déviance », in *Choisir*, juillet 1974.

2. Le diagnostic psychiatrique s'efforce de ressembler au diagnostic médical; il s'applique aux personnes dont le comportement ennuie, offense ou blesse autrui. Ceux qui souffrent et se plaignent de leur propre comportement sont généralement classés parmi les *névrosés*; ceux dont le comportement fait souffrir autrui et dont *on* se plaint, sont généralement rangés parmi les *psychotiques*.

base objective, puisque le comportement est rigoureusement le même.

« Par conséquent, écrit J. Vonèche, tout repose sur un ordre social constitué par un ensemble de signes infimes composés de gestes, de positions, de regards et de mouvements, facteurs dictés par un certain groupe social, dans le but de civiliser les autres, c'est-à-dire de les coloniser. D'où l'arbitraire pur des signes de civilité. Cet arbitraire entraîne à son tour une intolérance forcenée pour toute variance par rapport à cette norme. Car toute déviance, même à partir de la simple déférence (...), remet en question l'ordre public. Or, l'ordre public, comme tout ordre, du reste, est une série de rapports hiérarchiques. Le fou, qu'il soit celui de la cour princière ou celui de la rue, est celui qui remet en question la dignité de cette hiérarchie. »

D'où, comme l'observe toujours Vonèche, le peu de différences entre la lecture d'un manuel de psychiatrie et un livre de bonnes manières. C'est la même nomenclature minutieuse des comportements significatifs d'une interaction réussie avec autrui.

Dans ces deux sortes de littérature, on retrouve les mêmes règles de conduite assurant une issue heureuse au commerce avec ses semblables. Par exemple, il est recommandé, dans un livre de bonnes manières, à une jeune fille de bonne famille de ne pas répondre aux lazzi, commentaires, sourires, plaisanteries et gestes d'invite des ouvriers qui la regardent passer. Elle *doit* ignorer ce genre de gens. De même, on lira dans un manuel de psychiatrie la description du même comportement d'indifférence utilisé cette fois comme un symptôme de maladie mentale. Pourquoi ? Parce que, cette fois, ce n'est plus un ouvrier étranger qui essaie de nouer commerce avec une jeune fille de la bonne société locale. C'est un psychiatre qui lui parle, lui sourit, essaye de la dérider... La situation est différente. L'étiquette de la santé mentale réclame un rituel différent. Ainsi donc, si les gars en bleu de chauffe se mettaient en blouse blanche immaculée, et se faisaient appeler *docteur*, la jeune demoiselle devrait leur faire des grâces. Inversement, il faut être fou pour traiter un docteur en blouse blanche, dans le silence de son cabinet, comme un immigré en bleu de travail rencontré au coin de sa rue. Dans le premier cas, l'indifférence est un signe de classe; dans le second, c'est le signe d'un déficit affectif profond, d'une carence maternelle.

Le diagnostic psychiatrique

Tant que les individus tiennent convenablement le rôle que la société attend d'eux, leur comportement passe pour normal. Le serveur sert à table, le professeur enseigne ; la secrétaire tape à la machine, le père de famille travaille pour nourrir les siens;

la mère de famille cuisine, tient le ménage et prend soin de ses enfants. La nosologie psychiatrique classique n'a rien à dire sur ces gens aussi longtemps qu'ils demeurent sagement prisonniers de leurs rôles sociaux respectifs; ou, comme on le disait jadis à propos des gens de couleur ou de la domesticité, *tant qu'ils restent à leur place.* Mais quand tel ou tel individu s'avise de transgresser l'espace social qui lui est imparti et de revendiquer sa liberté — ou ce qu'il croit être sa liberté —, alors il se met à intéresser la psychiatrie[1].

Supposons que le serveur refuse de servir. Assis derrière son buffet, il griffonne interminablement sur un bout de papier. Lorsqu'on lui demande ce qu'il fait, à quel jeu il joue, soit il prend un air menaçant et refuse de répondre, soit il confie à ses amis qu'il s'est mis à écrire un traité de philosophie qui sauvera le monde. Nul doute que la police n'intervienne rapidement et qu'il ne soit conduit à l'hôpital psychiatrique.

Le tableau qu'offre la mère de famille est différent. Elle reste assise, abattue, pendant des heures, et pleure. Parfois, elle se lève, fait le tour de la chambre en répétant qu'elle ne mérite pas de vivre. Son époux consulte un médecin qui décide de la faire hospitaliser dans une maison de repos. Quelques

1. Nous suivons ici les analyses de Thomas Szasz. On lira avec profit : *The Manufacture of Madness, Ideology and Insanity, The Myth of Mental Illness, The Second Sin.*

jours après y avoir été admise, elle chuchote à l'oreille d'un des psychiatres qu'elle est la Sainte Vierge.

Ces cas psychiatriques classiques, stéréotypés, nous les avons cités, à la suite de Szasz, pour illustrer le point suivant : sont étiquetés *malades mentaux* des individus qui se conduisent d'une manière dont ils ne sont pas censés se conduire; refusant de se conformer à un rôle social, élaborant une néo-réalité délirante, ils se trouvent dans la situation du prisonnier qui creuse un tunnel pour fuir sa geôle et qui aboutit dans une autre cellule.

En d'autres termes, comme le répète Thomas Szasz tout au long de son œuvre, le *malade mental* est une personne qui, soit ne parvient pas à assumer le rôle social qui lui est imparti, soit qui le refuse. Attitude qui n'est pas admise dans notre culture, ni dans aucune autre culture, d'ailleurs.

C'est pourquoi les individus qui optent pour ce type de libération personnelle le paient chèrement; même s'ils parviennent à s'échapper de leurs petites cellules personnelles, ils ne demeurent jamais longtemps en liberté. Ils sont immédiatement recapturés, d'abord symboliquement — en étant étiquetés *malades mentaux*, puis physiquement, en étant enfermés dans un hôpital psychiatrique.

Confronté à ce genre de situation et à ce genre d'individus, que peut, que va faire le psychiatre ? se demande Szasz. D'abord : mettre des étiquettes. Certains seront nommés *schizophrènes*, d'autres *para-*

noïaques, d'autres encore *hystériques*. Le but essentiel de ce type de classification psychiatrique, écrit Szasz, est stratégique : d'abord séparer ceux qu'il est nécessaire d'interner des autres; ensuite, séparer ceux qui sont inoffensifs et susceptibles de coopérer avec le personnel soignant de ceux qui ne le sont pas.

En d'autres termes, l'acte nosographique sert essentiellement les intérêts des psychiatres. Il n'est d'aucune utilité aux patients, et ne prétend d'ailleurs pas l'être. La raison, précise Szasz, ne tient pas à quelque *défaut moral* du psychiatre, mais à la situation dans laquelle il se trouve pris. En effet, le psychiatre qui assume ce rôle au sein de l'institution psychiatrique est comme le juge : il lui faut juger — ou se démettre.

Comment ne pas voir avec Szasz que, si Pinel a libéré les fous de leurs chaînes, les psychiatres qui lui ont succédé ont utilisé la nosologie psychiatrique à des fins d'asservissement et de contrôle social[1];

1. Il est important de garder à l'esprit que si la maladie mentale, *stricto sensu*, n'existe pas, cela ne signifie pas que certaines conduites personnelles attribuées à la maladie mentale n'existent pas.

Il faut, à cet égard, distinguer trois catégories de phénomènes :

1. Les actes ou les comportements;
2. L'explication, théologique, puis médicale qui en fut donnée;
3. Le contrôle social, justifié par des explications religieuses ou médicales, utilisant à son profit les interventions théologiques ou thérapeutiques, telles brûler les sorcières sur un bûcher ou hospitaliser le fou contre son gré.

On peut accepter la réalité de l'événement ou du comportement, mais rejeter son explication coutumière et les méthodes de contrôle social.

ces nouvelles chaînes, conformes à notre morale *hygiénique* et *humanitaire*, ne sont plus faites d'acier, mais de mots; leur but n'est apparemment pas d'emprisonner, de punir, mais de soigner; pourtant...

On comprend mieux alors le sens de l'antipsychiatrie. Pour les antipsychiatres, comme d'ailleurs pour les psychanalystes, du moins pour les plus lucides, porter un diagnostic sur un cas, c'est à la fois le chosifier et l'invalider socialement. C'est le faire rentrer dans une classification dans laquelle le sujet disparaît, alors que c'est précisément lui qu'il s'agit de faire apparaître. Nous partageons entièrement sur ce point la position de Rémi Tostain qui écrivait dans un numéro de la revue *Recherches* : « Cette préoccupation d'évitement du diagnostic (...), qui consiste à refuser de lire sur le tableau clinique, aussi complet et révélateur soit-il, le nom de la maladie, paraîtra à certains une carence scientifique, alors qu'elle est la condition préalable à tout abord de l'inconscient[1]. »

Ou, comme le dit encore Maud Mannoni : dès le moment où le sujet se trouve « classé dans une nosographie, il quitte la position de sujet à qui on parle, pour devenir l'objet dont on parle et dont on dispose[2] ».

1. In *Recherches*, numéro *Spécial enfance aliénée*, II, décembre 1968, Paris.

2. Maud Mannoni, « Enfance administrée », in *Psychanalyse et Politique*, Ed. du Seuil, 1974.

L'image sociale du fou

« Pour cerner les rapports qu'entretient notre société avec la folie, il suffit presque de les étudier au niveau des *mass media.* Ils reflètent et créent l'image que chacun se fait du fou », écrit Sonia Taïeb dans une recherche inédite, *Pour une étude de la représentation de la maladie mentale.*

Quelques hypothèses ont guidé le travail de Sonia Taïeb : l'inséparabilité du couple violence et folie, la folie comme entorse *grave* aux valeurs établies; en outre, il lui est apparu, à la lecture de la presse quotidienne, que non seulement jamais la parole n'est donnée au fou, mais que la presse impose un stéréotype ultra-caricatural du fou, dont les caractéristiques premières seraient *grosso modo* les suivantes :

— il s'agit d'un homme[1];
— issu d'un milieu modeste;
— ayant un passé qui est un passif;
— occupant une fonction socio-économique de peu;
— d'ambitions culturelles réduites.

Au terme d'une analyse de contenu de six journaux parisiens (*Paris-Jour*, *le Figaro*, *l'Aurore*, *l'Hu-*

1. Nous entendons *homme*, précise S. Taïeb, à un double niveau : d'une part, bien sûr, par opposition à *femme*; d'autre part, *homme fou* comme support de l'exorcisme (parce qu'il est fou) de l'animalité qui est en tout un chacun, de même que le lépreux, parce qu'il est lépreux, est le support de l'exorcisme de la mort au Moyen Age, pour reprendre la pensée de Foucault.

manité, le Monde, France-Soir), menée pendant six mois, Sonia Taïeb aboutit à quelques conclusions trop éclairantes, trop révélatrices pour que nous les passions sous silence.

D'abord, il n'est pas exagéré de dire que l'on s'acharne à nous présenter la folie sous le jour de la violence (par exemple : les fous du volant).

Le lecteur qui vient de terminer un article de fait divers, observe Sonia Taïeb, ne peut qu'en retirer une forte impression d'angoisse, une véritable frayeur. Serait-ce parce que la violence, chose déraisonnable par définition, implique en elle-même le concept de folie et enclenche les mêmes rouages : c'est un excès que l'on porte tous au fond de soi, et que l'animal paisible, social et contenu que nous sommes devenus rejette avec acharnement à l'extérieur comme *mauvais objet*. Ce que Georges Bataille exprime ainsi :

« Dans le monde de notre vie, l'excès se manifeste dans la mesure où la violence l'emporte sur la raison... Que la sexualité ou la mort soient en question, c'est toujours la violence qui est visée qui effraye, mais qui fascine... Nous ne serions pas terrifiés de la même façon par la violence si nous ne savions du moins, si nous n'avions conscience obscurément qu'elle pourrait nous porter nous-même au pire... »

Seconde observation de Sonia Taïeb : dans 88 % des faits divers qu'elle a analysés, c'est l'homme qui est fou, qui se cabre, qui agresse les autres; c'est le *forcené*. La violence de la femme folle ne peut se retourner que contre elle-même; elle se suicide; c'est la *désespérée.* L'opposition actif/passif, châtré/phallique, masculin/féminin joue là également.

« Le milieu modeste dans lequel évolue cet homme violent, écrit Sonia Taïeb, est aussi l'une des constantes les plus remarquables du genre. Sans que nous ayons besoin de manier les chiffres, la pauvreté de ce milieu est une vérité statistique. Il n'y a pas de *P.D.G. fous,* hormis l'exception qui confirme la règle. »

La même remarque se trouve sous la plume de Thomas Szasz. Reprenant le dicton cynique, mais juste, selon lequel une personne qui vole 5 dollars est un voleur, alors que celle qui escroque 5 millions est un financier, Szasz l'étend à ce que l'on nomme *maladie mentale.* Les mêmes difficultés conjugales conduiront une femme riche à Reno et une indigente à l'asile psychiatrique. Quand le boucher, le pâtissier ou l'électricien s'estime persécuté par les communistes, il est promptement expédié à l'hôpital psychiatrique. Si le secrétaire d'Etat à la Défense pense de même, qui pourra l'en empêcher ?

Si les *patients,* tout au moins en psychanalyse, ont une histoire, le *désigné-fou* dans la presse, lui, n'a qu'un passif; un passif lourd, quand il n'est pas écrasant. Là où l'on souhaiterait trouver son histoire, son inscription dans l'histoire de sa famille, dans le désir de ses parents, on se heurte à des tares, des fautes, des erreurs.

Son acte n'est pas le résultat d'un processus personnel que des motivations affectives ou économiques pourraient en partie aider à comprendre. Non, il est simplement parachuté dans le quotidien. Exemple : *l'Aurore* : « On ignore ce qui a pu le pousser à cet acte délirant, et la seule hypothèse plausible est qu'il a été victime d'une soudaine crise de folie. »

Comme l'observe justement Sonia Taïeb, on ne se borne pas à dérober au *désigné-fou* son histoire; on le dépossède, en outre, de ses motivations.

Il va de soi, enfin, que jamais on ne donnera la parole au fou. « Sous quelque angle que l'on aborde les chiffres, tableaux ou analyses, écrit S. Taïeb, deux pôles émergent constamment : la VIOLENCE d'une part, le REFUS de laisser la parole au fou d'autre part. »

Nous brûlons de dire que les deux vont ensemble, continue Sonia Taïeb; la violence du fou n'est que la réponse à la violence qui lui est faite : si on libérait tous les fous, il y aurait, bien sûr, des accidents, voire quelques morts, mais certainement moins qu'on ne voudrait nous le faire accroire : qu'en pensent les victimes de la centaine d'assassinats automobiles perpétrés au cours de chaque week-end? interroge Sonia Taïeb, qui ajoute ceci qui nous paraît fondamental : si l'on insiste tant sur la violence du fou, c'est pour justifier qu'on le bâillonne. Mais, en dernière analyse, disons que c'est de sa parole qu'on a peur. C'est par son acte que le fou parle, il n'a pas le droit de délirer.

Parallèlement à ce mutisme imposé, les journaux appellent folie tout ou n'importe quoi, pourvu qu'un vernis de démesure y brille : de même que Van Gogh était *fou de lumière*, de même le peuple égyptien était *fou de douleur* aux obsèques de Nasser, et tout agitateur se retrouve *refoulé* ou *hystérique*. Abuser de l'emploi d'un terme reste la recette la plus sûre pour le vider de son sens.

Ainsi, pour prendre un dernier exemple, lorsque le président Kennedy fut assassiné par Oswald, un journaliste américain écrivit : « John F. Kennedy fut tué par un déséquilibré, Lee Harvey Oswald, qui avait prêté serment de fidélité au paranoïaque cubain Fidel Castro. Et Oswald, à son tour, deux jours plus tard, fut liquidé par un autre malade mental, Jack Ruby. » En deux phrases, le journaliste nous gratifie de deux diagnostics psychiatriques, avec en prime celui de Fidel Castro.

L'antipsychiatrie comme refus

Le mouvement antipsychiatrique est né du refus d'assumer le rôle traditionnellement imparti au psychiatre par la société; ce refus, seule une réflexion politique l'a rendu possible.

Par *politique*, nous n'entendons, bien sûr, ni le

jeu des partis, ni l'appartenance à un dogme idéologique, mais, à l'instar de Roland Barthes, un ensemble de rapports humains saisis dans leur structure réelle, sociale, dans leur pouvoir de fabrication du monde[1]. A cet égard, il est évident que la dimension politique de la psychiatrie est pratiquement toujours occultée ou colmatée par l'administration exclusive de soins, par un travail routinier et hiérarchisé à l'extrême.

C'est en s'inscrivant dans un *projet politique* — projet visant à démystifier le rôle que la société fait jouer au psychiatre et à ébranler les fondements idéologiques du savoir psychiatrique — que le mouvement antipsychiatrique va affirmer son originalité.

L'antipsychiatrie ne se borne donc nullement à avoir un contenu critique, à dénoncer les méthodes de la psychiatrie lourde, traditionnelle — ce que font avec plus ou moins de vigueur tous les psychiatres (intelligents et sensibles)[2]. Elle prend parti pour le fou contre la société. Elle crée des lieux d'accueil de la folie, lieux conçus à la fois comme refuge contre

1. Roland Barthes, *Mythologies*, Ed. du Seuil, 1957.

2. Ainsi, comme l'écrit André Green, « si c'est être anti-psychiatre que de dénoncer une certaine situation où le psychiatre est sourd au discours du malade et n'y répond que par la lobotomie, le traitement de choc ou l'intensification des neuroleptiques pour serrer d'un cran la camisole chimique et réduire le patient à l'état de robot, alors bien évidemment je suis anti-psychiatre », in *Traitement au long cours des états psychotiques*, Ed. Privat, 1974.

une société oppressive et comme défi à l'égard de structures médico-administratives méconnaissant la vérité et le pouvoir de contestation qui se dégagent du discours de la folie. Comme le dit justement Maud Mannoni, l'antipsychiatrie, si elle invite à une contestation radicale de toutes les institutions psychiatriques, se veut d'abord et avant tout le lieu d'où la maladie mentale pourrait être réinterrogée, selon des critères différents de ceux empruntés à une idéologie ou à des conceptions scientistes.

A l'hôpital de Gorizia, près de Trieste, pour prendre cet exemple illustre, leur réflexion sur ce qu'ils vivaient et sur ce que vivaient ceux dont ils avaient charge, amena le Dr Basaglia et les médecins qui l'entouraient à prendre conscience du caractère oppressif de l'institution psychiatrique traditionnelle, qu'ils définissent volontiers comme une forme de la pression sociale exercée sur ceux — toujours les mêmes au demeurant : les pauvres, les marginaux, les femmes, les jeunes, les vieillards[1] qui y sont enfermés. Aussi, après avoir refusé leur mandat social, ils visèrent à la suppression radicale de l'hôpital de Gorizia.

D'un hôpital fermé ils firent un hôpital ouvert

1. Voir à ce propos l'étude fondamentale de A. B. Hollingshead, professeur à l'Université de Yale, et de F. C. Redlich, *Social Class and Mental Illness* (New York, éd. John Wiley & Sons), qui établit de façon irréfutable que si les névroses dominent dans les classes les plus favorisées, les psychoses, elles, sont concentrées dans les couches sociales les plus défavorisées.

à tous, quasiment autogéré. Chaque matin, à 10 heures, s'ouvrait l'assemblée générale de la communauté, au cours de laquelle étaient discutées les questions essentielles tant du point de vue communautaire que thérapeutique (par exemple : les paies et les sorties). Rien ne distinguait infirmiers, malades et médecins. Une réciprocité totale entre ces deux exclus que sont le psychiatre et son patient permettait une confrontation authentique où le *malade* existait non plus en fonction d'un diagnostic conçu comme jugement discriminatoire (si je dis d'un individu qu'il est schizophrène, je m'attendrai de sa part à de la schizophrénie...), mais dans une *réalité sociale* qu'il importe de connaître et, dans la mesure du possible, de modifier[1].

Toutefois, lorsque Basaglia voulut supprimer la barrière qui isole l'hôpital lui-même, il constata que la population ne supportait pas de voir les *fous* revenir *guéris*. C'est là un point qui soulève des questions capitales. Il ne suffit pas d'invoquer la peur, l'ignorance, l'égoïsme, les préjugés. Il est évident que l'exclusion des fous joue un rôle social qui n'a pas été suffisamment analysé — disons vaguement et faute de mieux qu'elle joue aujourd'hui un rôle analogue à celui que jouaient autrefois les sacrifices humains. L'asile ne doit pas rendre ses victimes, du moins dans certaines populations.

1. Franco Basaglia, *L'Institution en négation*, Ed. du Seuil, 1970.

C'est qu'en sacrifiant certains de ses membres la communauté cherche à se purifier elle-même et à conserver ainsi son intégrité et sa possibilité de survivre. Le bouc émissaire (le malade mental) devient un symbole du mal qu'il est nécessaire d'écarter de l'ordre social et qui, par son être même, confirme les autres membres de la communauté dans leur *bonté*. Voilà, entre autres, pourquoi on ne tient pas tellement à ce que le malade mental guérisse[1].

Basaglia avait quitté l'hôpital de Gorizia depuis deux ans quand un *fou*, libéré par ses successeurs, commit un meurtre[2]. On menaça Basaglia d'un procès, car c'était, prétendait-on, la faute de ses idées. L'antipsychiatre, et c'est là tout à son honneur, en renversant les perspectives traditionnelles (folie/raison; psychiatre/malade mental; guérison/libé-

1. De même que dans certaines familles la folie d'un enfant — *fou par délégation* — permet aux autres membres de sauvegarder un semblant d'équilibre. De telles familles sont incapables de tolérer le succès du traitement psychanalytique de leurs enfants, dont la folie entraîne cependant d'énormes soucis et dépenses. Dès que l'état de l'enfant s'améliore, l'entourage invente un prétexte pour interrompre le traitement, car la disparition d'un bouc émissaire psychologique — d'un Pharmakos — plongerait la famille dans une débâcle psychologique qui détruirait son fonctionnement.

2. Selon O. Mannoni, les statistiques montrent que, proportionnellement, les crimes de fous sont moins nombreux que les crimes de sujets dits normaux. Ces statistiques seraient sujettes à caution si on devait définir la folie. Elles ne le sont pas, quand on fonde la définition sur les diagnostics psychiatriques posés en fait, in *Revue internationale des sciences sociales*, vol. XXV, Unesco, 1973.

ration) se met dans la position de bouc émissaire, de victime sacrificielle, position qui fut celle des premiers psychanalystes du temps où il fallait quelque héroïsme pour s'engager dans ce *mouvement maudit.*

Cela dit, il convient de rappeler, avec O. Mannoni, que les efforts déployés par le mouvement antipsychiatrique dans les diverses parties du monde pour contester les institutions classiques ou pour y suppléer sont des plus marginaux, sans aucun poids politique ni sociologique réel. Ce sont des exemples et des témoins. Selon la phrase de David Cooper, ce qu'ils modifient — peut-être —, c'est à la longue la façon d'appréhender les faits.

Quant à l'opposition à l'antipsychiatrie, elle n'est plus due aujourd'hui à ceux, de plus en plus rares, qui défendent les moyens techniques traditionnels. « Le fou asilaire, écrit O. Mannoni, s'est révélé aux yeux de tous, clairement ou confusément, comme l'image hyperbolique de l'homme administré. Il n'est plus que cela, objet vide de la pure administration. L'antipsychiatrie a pour adversaires, qu'ils soient conservateurs, progressistes ou révolutionnaires, ceux qui comptent encore exclusivement sur des institutions administratives pour résoudre les problèmes de notre temps. » C'est-à-dire : à peu près tout le monde[1].

1. Octave Mannoni, « Le(s) mouvement(s) antipsychiatrique(s) », in *Revue internationale des sciences sociales*, vol. XXV, Unesco, 1973.

Etre normal, qu'est-ce à dire ?

> *La vraie normalité se moque de la normalité.*
>
> C. DAVID.

> *A* bon *et* familier *adjoignez* normal; *à* mauvais *et* étranger *adjoignez* pathologique,*et vous ne forcerez guère, au moins en ce qui concerne son aspect immédiat et le plus spontané, la signification commune du normal et du pathologique.*
>
> C. DAVID.

Adaptation ou soumission

Normal, anormal : ces deux concepts clefs de la psychiatrie et de la psychanalyse ne s'utilisent plus aujourd'hui qu'avec d'infinies précautions, dont témoignent les guillemets dont on les pare volontiers. La *normalité*, par ailleurs, est une valeur en baisse; à l'heure où chacun revendique sa névrose, sa psychose ou ses perversions, être *normal*, c'est faire preuve de bien peu d'originalité. Pourtant, ce couple conceptuel continue à régir la pratique psychiatrique, aussi bien, d'ailleurs, que nos rapports à autrui; il ne suffit pas d'en inverser les termes pour les chasser de notre esprit ou les délester de leur charge affective.

Longtemps, les psychiatres ont tenu la normalité pour synonyme d'adaptation réussie; être normal, c'était être bien adapté à son entourage, à la société dans laquelle on vit, ses mœurs, ses techniques, son idéologie dominante. Un des plus célèbres psychiatres américains, Karl Menninger, définissait la normalité en ces termes : « La normalité est l'adaptation des êtres humains au monde et à autrui avec le maximum d'efficacité et de bonheur. Pas rien que le rendement, ou rien qu'un certain contentement, ou la grâce de se conformer de bon cœur à la règle du jeu. Mais tout cela à la fois. C'est l'aptitude à garder une humeur égale, une intelligence alerte, un comportement apportant une certaine considération sociale et une disposition de caractère heureuse. Voilà, je pense, ce qu'est un esprit sain. »

A l'inverse, on qualifiera le malade mental d'incohérent, d'illogique; et son comportement inapproprié, inadapté, révélera son *anormalité.*

Et il est vrai que, pour définir la normalité, ce critère d'adaptation réussie et de rationalité vient spontanément à l'esprit.

On en voit, ou tout au moins on devrait en voir, assez vite également les limites : est normal celui qui s'adapte, c'est-à-dire souvent en fait celui qui se soumet à l'ordre, aux règles, aux normes de la société dans laquelle il vit.

On aboutit alors à des paradoxes tel celui que Georges Devereux, l'ethnopsychiatre, a mis en lumière : en avril 1945, la tâche du psychiatre allemand était accomplie le jour où son patient adhérait au Parti nazi; en mai 1945, elle s'achevait le jour où son patient s'engageait dans le Parti chrétien-démocrate (s'il vivait à Francfort-sur-le-Main) ou dans le Parti communiste (s'il vivait à Francfort-sur-l'Oder).

En refusant d'admettre qu'il existe des sociétés ou des fragments de sociétés tellement malades qu'il faut être soi-même bien malade pour pouvoir s'y adapter, la théorie de l'adaptation a fait la preuve de son insuffisance.

En outre, le critère d'adaptation est toujours lié au comportement standard des classes dominantes. En effet, les psychiatres et les psychothérapeutes, issus généralement des classes moyennes ou supérieures, auront toujours, même s'ils s'en défendent, tendance à définir le normal par rapport aux valeurs de la classe à laquelle ils appartiennent, valeurs qu'ils considèrent comme valables pour toute la société[1].

Or, ces valeurs des sociétés industrielles et capitalistes, quelles sont-elles ? Elles sont centrées sur l'individu, le rendement, la compétition. La contemplation inactive — la vie des moines, par exemple — est méprisée, comme sont condamnés le repos dans la possession, la jouissance dans la richesse. *Grosso*

1. Gardons-nous d'oublier que les employés de la santé mentale ont pour fonction essentielle de contrôler la déviance non criminelle. Ils ne jouissent d'une certaine autonomie et d'un statut enviable que pour autant qu'ils font leur boulot et qu'ils se retiennent de mordre la main gouvernementale qui les nourrit.

modo, sont considérés comme *normaux* ceux qui réussissent matériellement et professionnellement; le symbole de la réussite, c'est la *bagnole* et la *résidence secondaire*. Quand la majorité adhère à ces valeurs, elle réagit violemment contre ceux qui les nient consciemment ou non par leur comportement; elle les désigne comme *anormaux*[1].

Prendre position par rapport à la réalité

Pour l'idéologie psychiatrique, l'individu normal est effectivement bien adapté, respectueux de la hiérarchie sociale, des codes sociaux, doté d'un *moi*

1. Rappelons avec Michel Foucault que jusqu'au XIXe siècle l'expérience de la folie dans le monde occidental était très polymorphe. C'est au milieu du XVIIe siècle que le monde de la folie tend à devenir le monde de l'exclusion. On entre dans les hôpitaux généraux parce qu'on ne peut plus ou parce qu'on ne doit plus faire partie de la société.

Dans le monde bourgeois en train de se constituer, le vice majeur, le péché par excellence, ce n'est plus l'orgueil, ni l'avidité comme au Moyen Age, c'est l'oisiveté. La catégorie commune qui groupe tous ceux qui résident dans les maisons d'internement (mendiants, pauvres invalides, libertins, vieillards dans la misère, vénériens, pères de famille dissipateurs, ecclésiastiques en rupture de ban, fous...), c'est l'incapacité où ils se trouvent de prendre part à la production, à la circulation ou à l'accumulation des richesses (que ce soit par leur faute ou par accident). L'exclusion dont on les frappe est à la mesure de cette incapacité et elle indique l'apparition dans le monde moderne d'une césure qui n'existait pas auparavant. L'internement a donc été lié dans ses origines et dans son sens primordial à cette restructuration de l'espace social.

fort, parvenu à une certaine maturité affective, à un certain degré de rationalité et de maîtrise de soi.

A l'opposé, l'individu anormal est décrit comme un être immature, doté d'un *moi faible*, labile, irrespectueux, se maîtrisant mal et dont la raison est infiltrée de fantasmes. Entre le *normal idéal* et l'*anormal irrécupérable*, il y a une échelle qui nous conduit du petit névrosé, en passant par l'artiste — justifié par ses productions — et l'adolescent en rupture de ban, aux grands malades mentaux.

Or, il est intéressant de le noter, l'individu normal, comme le névrosé ou le psychotique, par leur comportement prennent position par rapport à une certaine image ou à une certaine définition officiellement prescrite de la réalité. Thomas S. Szasz, psychanalyste et professeur de psychiatrie à l'Université de New York, le premier à notre connaissance, a insisté sur ce point; il est difficile de ne pas le suivre dans ses analyses.

Pour Szasz, l'individu normal accepte la réalité et s'y soumet; le névrosé, pratiquement, l'accepte aussi, mais intérieurement refuse de s'y soumettre. Le psychotique, lui, ne murmure pas timidement comme le ferait un névrosé, qu'il ne sait pas qui il est : il affirme sans hésitation qu'il est le Sauveur ou l'inventeur d'une formule garantissant la paix mondiale. Une folle ne se résigne pas, comme pourrait le faire une femme *normale*, à n'être qu'une insignifiante esclave domestique; elle proclame fièrement qu'elle est la Sainte Vierge ou la victime d'un complot ourdi contre elle par son mari[1].

Face à ce prétendu malade mental, quelle va être l'attitude du professionnel de la santé mentale ? Comment va-t-il réagir à ses assertions et à celles de ses proches ?

Apparemment, le psychiatre va se comporter de la façon dont est censé se comporter le médecin, donc l'homme de science qu'il prétend être, c'est-à-dire qu'il reste parfaitement impartial et *neutre* à l'égard des maladies mentales qu'il *diagnostique* et cherche à *guérir*.

Mais là Szasz pose une question qui est la plupart du temps occultée : comment un spécialiste peut-il aider un de ses semblables en proie à un conflit tout en demeurant en dehors de ce conflit ? La réponse est simple : il ne le peut pas. Derrière une façade de neutralité scientifique, observe Szasz, le psychiatre/psychanalyste est en fait acquis à l'une des parties au conflit et hostile à l'autre.

D'une façon générale, lorsqu'il s'agit de conflits moraux ou sociaux sans grande gravité tels qu'en présentent souvent les névrosés, il défend les intérêts que le malade estime être les siens contre les intérêts de ceux avec lesquels le patient est en conflit; en revanche, lorsqu'il s'agit de conflits sociaux et

1. Le psychotique, cependant, n'est jamais un révolutionnaire; c'est un révolté qui ne parvient pas à exprimer sa révolte. Exprimer sa révolte sous forme de psychodrame le dispense de la réaliser.

moraux graves comme c'est souvent le cas dans les psychoses, il s'oppose aux intérêts du malade tel que celui-ci les ressent pour défendre ceux de l'autre partie.

« Toutefois, et c'est sur ce point que je voudrais insister, écrit Thomas Szasz, dans l'un et l'autre cas, le psychiatre dissimule sa partialité sous une prétendue neutralité thérapeutique, sans jamais se déclarer soit l'allié, soit l'adversaire du malade. Ni ami, ni ennemi, il se prétend médecin et homme de science. Au lieu de qualifier son intervention de salutaire ou de nuisible, de libératrice ou de répressive, le psychiatre s'obstine à ne vouloir parler qu'en termes de diagnostic et de traitement du malade mental. Et je dis que c'est en cela précisément que la psychiatrie moderne a échoué tant sur le plan moral que sur le plan technique. »

En schématisant quelque peu, il est possible de dire que le psychiatre *classique*, *traditionnel*, le plus répandu aussi, prend parti pour la réalité; le psychanalyste pour le névrosé; l'antipsychiatre pour le psychotique. La première position peut être qualifiée de conservatrice, la seconde de réformiste, la troisième de révolutionnaire. Il s'agit à chaque fois de prises de position philosophiques, idéologiques et politiques ayant trait au réel[1].

1. Rappelons à cet égard l'expérience classique de Pastori : lors d'un colloque sur l'importance de l'hérédité dans le développement intellectuel, il avait observé que, sur les vingt-quatre savants

Que Freud se soit intéressé plutôt aux névrosés qu'aux psychotiques (de même que la plupart des psychanalystes aujourd'hui encore) n'est pas sans rapport avec son profond réformisme. Freud n'était pas un révolutionnaire; il estimait le système social, économique et politique dans lequel il vivait souvent dommageable pour l'individu, mais perfectible quand même. De toute manière, il n'en voyait pas de meilleur. Sa critique sociale n'a jamais été radicale; il partageait de fait la même mythologie que ses patients.

Normal et pseudo-normal

L'irruption de la politique et de la critique idéologique dans le champ psychiatrique et psychanalytique produit des effets bénéfiques. En ce sens que, pour une part toujours croissante de l'*intelligentzia* et du corps psychiatrique, les notions de *normalité* et d'*anormalité* sont en train de prendre des significations nouvelles.

Ainsi, l'individu-bien-dans-sa-peau, adapté et rationnel, les psychanalystes en parlent souvent comme d'un individu *pseudo-normal*, réservant le terme de *normal* aux individus qui ont la possibilité (intérieure) de contester ce qui est et qui semble

---

présents, les douze qui insistaient sur les facteurs environnementaux étaient des hommes de gauche, cependant que les douze autres étaient des hommes de droite.

normal, bien que figé, pour passer à de nouvelles normes, elles-mêmes bientôt caduques et de toute façon relatives.

« Le pathologique, écrit Christian David, dans une telle perspective n'est pas l'abolition des normes vitales ou mentales, mais leur durcissement, leur rétrécissement et souvent leur distorsion. L'impératif d'adaptation au monde extérieur et au monde intérieur — inclus dans le principe de réalité freudien, et qui représente, pourrait-on dire, une organisation de la normalité ou de la normalisation psychique — suppose, en vertu de son essence dynamique, le maintien permanent d'une certaine marge ou d'une certaine faculté de désadaptation[1]. »

Et Christian David de citer cet aphorisme d'Henri Michaux : « Ne te hâte point vers l'adaptation; garde toujours en réserve de l'inadaptation. »

Dans son poème *The Hollow Men*, T. S. Eliot dessine le portrait-robot de l'homme pseudo-normal, étranger à soi, exclu de soi, victime plus ou moins consentante de l'automatisme de répétition :

Nous sommes les hommes creux
Les hommes empaillés
Cherchant appui ensemble
La caboche pleine de bourre. Hélas !
Nos voix désséchées quand

1. Christian David, « Quelques remarques introductives aux problèmes de la normalité » in La normalité, *Revue française de psychanalyse*, mai 1972, t. XXXVI, Presses universitaires de France.

Nous chuchotons ensemble
Sont sourdes, sont inanes
Comme le souffle du vent parmi le chaume sec
Comme le trottis des rats sur les tessons brisés
Dans notre cave sèche.
Silhouette sans forme, ombre décolorée
Geste sans mouvement, force paralysée...

Bref, il n'est plus un psychanalyste aujourd'hui qui, comme Edouard Pichon entre les deux guerres, écrirait dans la *Revue française de psychanalyse* un article intitulé : « A l'aise dans la civilisation », article dans lequel Pichon affirmait que la liquidation de l'Œdipe, une heureuse répartition de la libido avec suffisamment de sublimation et d'oblativité, mettait l'être humain « *qui n'est pas qu'un pauvre champ de bataille des pulsions* » à l'aise dans la civilisation.

Toutefois, même s'ils distinguent le *normal* du *pseudo-normal*, même s'ils discernent dans la normalité le masque de la mort, les psychanalystes ne vont pas aussi loin que les antipsychiatres qui, eux, remettent entièrement en question le sens de notions telles que *folie*, *normalité* ou *santé.*

Anne, 13 ans

Radicaux, les antipsychiatres vont opposer deux concepts, ceux de santé et de normalité, qui jusqu'alors étaient tenus pour synonymes. L'homme *normal* pour Ronald Laing est un malade qui s'ignore, ou qui est fier de l'être, alors que l'homme *sain*, lui, est parvenu à échapper au système qui rend malade. Ou tout au moins à se mettre à l'abri de ses retombées les plus funestes. C'est, si l'on veut, un *fou* qui a dépassé la *folie*, afin de pouvoir continuer à vivre dans la société des hommes dits normaux.

Dès lors, le rapport des antipsychiatres à ce qui est généralement considéré comme *anormal*, comme *pathologique* apparaîtra comme singulièrement subversif. Prenons un exemple : R. Laing fut amené un jour à *traiter* une adolescente, Anne, 13 ans, qui avait été internée et étiquetée schizophrène. Elle ne se nourrissait pas — ou tout au moins pas autant qu'on pensait qu'elle aurait dû — et passait des heures à fixer le mur blanc de sa chambre, refusant de parler à quiconque[1].

A l'hôpital, elle subit divers traitements : ergothérapie, psychothérapie individuelle et de groupe, traitements chimiques enfin, afin que son équilibre hormonal soit régularisé.

Bref, un traitement *normal*, complet, pour une fillette *anormale*. Apparemment, il n'y a rien à redire. Psychiatres, psychologues, ergothérapeutes font de leur mieux pour la guérir.

Toutefois, Laing observa que les parents d'Anne passaient plus de temps à regarder la télévision que

1. Communication inédite de Ronald Laing.

leur fille à fixer le mur de sa chambre; mais, alors que le fait de regarder la télévision est une activité culturelle approuvée et encouragée, le fait de fixer un mur ne l'est pas.

Il observa également qu'il ne restait plus que ce moyen à Anne pour fuir ses parents qui s'interpellaient, criaient mutuellement, la plupart du temps pendant que la télévision était ouverte à fond. Comme on lui interdisait de sortir de la maison, elle montait se réfugier dans sa chambre. Que pouvait-elle faire pour fuir ces braillements, ces querelles ? Elle fixait le mur, parvenant ainsi à s'isoler.

On pouvait évidemment parler de symptôme schizophrénique — et on ne manqua pas de le faire; mais on pouvait également dire qu'elle était en état de méditation. Tout dépendait du sens que l'on entendait donner à ce qui apparaissait comme un non-sens[1]. Pour Laing, l'attitude de cette adolescente était saine (vouloir fuir l'univers de ses parents) et les traitements qu'elle subissait propres

1. Alors que la science s'est toujours constituée par rupture avec la philosophie, il est frappant de constater que la psychiatrie, jusque chez ses plus modernes représentants, reste très souvent liée — implicitement ou explicitement — à une philosophie. Rien d'étonnant à cela. C'est que la folie n'est pas un fait — mais un problème. Dès lors, et Roger Bastide a maintes fois insisté sur ce point, on ne peut en trouver la signification qu'à la condition de la replacer à l'intérieur d'une philosophie de l'homme dans le monde, monde biologique ou monde social, afin de pouvoir lui donner, par contrecoup puisqu'on ne peut le faire directement, une valeur sémantique quelconque.

à la rendre folle. Vraiment folle. Il estima que si elle aimait fixer les murs, il fallait lui demander si elle ne désirait pas aller voir quelqu'un qui avait fixé les murs plus longtemps qu'elle et qui pourrait l'aider à poursuivre cette activité.

Les grandes lignes de l'aide qu'il lui proposa furent les suivantes : la méditation et le jeûne; il convenait, selon Laing, de délivrer son rythme biologique du contrôle culturel et chimique de façon qu'il puisse fonctionner librement et qu'elle puisse s'auto-réguler : qu'elle mange lorsqu'elle aurait faim, qu'elle ne mange pas si elle n'avait pas faim, qu'elle parle quand elle en aurait envie et non pas parce qu'on lui avait adressé la parole...

Bref, tous ces symptômes, à partir desquels on avait bâti un tableau complet et réel d'une schizophrénie, pouvaient être considérés, en les regardant simplement sous un angle différent, en les dédramatisant et en les démédicalisant, comme le moyen qu'elle avait choisi pour sortir du piège dans lequel elle était enfermée[1].

Cet exemple est frappant, car il montre bien la relativité des concepts *normal* et *anormal* dans la vie courante, comme dans les us et abus de la psychiatrie. En définitive, qu'est-ce qui est *normal* : regarder

1. « Il nous est apparu, sans une seule exception, que l'expérience et le comportement qualifiés de *schizophréniques* représentaient une stratégie particulière qu'une personne inventait pour supporter une situation insupportable. » Ronald LAING.

la télévision pendant des heures en s'interpellant ou fixer en silence dans un état de méditation une surface blanche ?

De l'usine à l'hôpital psychiatrique

Autre cas : celui d'une jeune ouvrière travaillant dans un atelier de montages électroniques; elle était désespérée, car elle ne parvenait pas à suivre le rythme de ses camarades. Ses doigts, disait-elle, s'engourdissaient avec l'attention qu'elle mettait à leur imposer le rythme de la chaîne. Jusqu'au jour où une compagne lui révéla son secret : s'imaginer seule, peu vêtue, allongée au bord d'un lac placide, par une température idéale contemplant sans contrainte la tranquillité du lieu...

Effectivement, ce rêve lui permit d'égaler ses compagnes; mais comment n'être pas pris de vertige en imaginant cet atelier de vingt ouvrières, allongées au bord de vingt lacs différents, émancipant leurs doigts par vingt rêveries également voluptueuses ?

Supposons qu'un beau matin cette ouvrière refuse de se lever; qu'elle affirme être une nymphe souriante; qu'elle se replie sur son monde intérieur; elle en tirera un bénéfice immédiat : échapper à une réalité abrutissante autant qu'aliénante. Elle risque cependant fort d'être conduite à l'hôpital psychiatrique et, pour avoir décroché, pour avoir perdu le sens des réalités, pour s'être réfugiée dans un contre-monde, d'être étiquetée *schizophrène*. Effectivement, il y a chez elle une fuite de la réalité et la construction d'une néo-réalité délirante.

Le psychiatre qui juge *normal* qu'une ouvrière passe huit heures quotidiennement devant une machine, ne s'interrogera pas sur ce qu'elle fuit. Sous son regard cette femme va devenir une *malade mentale*. Pour que la société soit saine, il faut que celui qui la conteste soi fou.

Certes, le malaise existait déjà auparavant; mais, médicalisé, il devient *mental* et *individuel*. Le but que poursuivra l'employé de la santé mentale, quelles que soient par ailleurs ses dénégations, sera la réadaptation pure et simple au système des valeurs officielles[1].

Ce qui, soit dit en passant, rend la maladie mentale presque incurable. Le psychotique, en effet,

1. La fonction qui consiste à surveiller la déviance non criminelle n'est évidemment pas particulièrement valorisante; c'est une fonction para-policière. Aussi, pour lui donner quelque prestige, la pare-t-on de tout le respect qui entoure la technicité et le professionnalisme. Il faut, pour être employé dans un hôpital psychiatrique, des diplômes qui représentent souvent des années d'étude. Surtout, il faut des médicaments, un équipement ultra-moderne, et un vocabulaire ésotérique qui sert à donner le change sur la vraie nature de l'institution.

L'Etat souhaite et encourage l'existence des employés de la santé mentale ; ils sont là pour adapter les individus à leur milieu. Toute *thérapie* qui en ferait des révolutionnaires serait rapidement condamnée, discréditée et mise hors la loi.

sait que le monde lui est hostile : il ne désire donc plus sortir de l'hôpital; il sait que l'hôpital également lui est hostile : il ne désire donc plus sortir de son univers intérieur. Otant par là tout espoir au médecin, à l'ami de l'aider.

D'où, comme l'observe Delacampagne[1], ces cas, quelquefois extraordinaires, de fous qui consacrent la totalité de leur existence asilaire, pendant des années et des années, à la répétition interminable de quelque obscur travail — peut-on encore dire *artistique?* — qu'ils redéfont sans cesse pour pouvoir le refaire : peinture, broderie ou graffiti. Occupation tout entière tournée vers l'intérieur de l'âme, ne requérant que le strict minimum de matériel (un crayon, du bois...), bricolage — interminable comme, par définition, tout bricolage. Et où la répétition a pour fonction de tuer le temps en empêchant de le voir passer.

La théorie et la pratique

« Nous sommes des marginaux et nous nous occupons d'autres marginaux. S'il n'en était plus ainsi, si la psychanalyse cesse un jour d'être en marge des normes acceptées, eh bien, elle ne remplira plus sa fonction », écrivait récemment dans la

1. Christian DELACAMPAGNE, *op. cit.*

Revue française de Psychanalyse Joyce Mac Dougall; elle rappelait, à ce propos, que même les analystes américains, connus pour leur goût pour l'adaptation et la capacité de prendre des décisions, ont sonné l'alarme il y a belle lurette contre les impétrants *normaux* qui désirent devenir psychanalystes. Les sujets qui ne se reconnaissent aucun symptôme, qui ignorent la souffrance psychique, qui n'ont jamais été frôlés, de près ou de loin, par la torture du doute ou la peur de l'Autre, ces gens trop-bien-dans-leur-peau ne sont pas doués pour être analystes[1].

La psychanalyse et l'antipsychiatrie ont largement contribué à cette mise en question, à cette relativisation, voire à ces détournements sémantiques dont sont de plus en plus l'objet les notions de *normal* et d'*anormal*.

De l'individu *normal* — qui ne doute ni de son bon sens, ni de son être et qui mourra aussi bien pour la République que pour la royauté — les

1. Dans le même article, « Plaidoyer pour une certaine anormalité » (in *Revue française de psychanalyse*, t. XXXVI, mai 1972), Joyce MAC DOUGALL écrivait également ceci : « L'être humain crée toujours quelque chose : une névrose, une perversion, une psychose, une œuvre d'art, une production intellectuelle...

« L'homme *normal*, lui, ne crée rien, sinon une *carapace* qui le protège de tout éveil à ses conflits névrotiques et psychotiques. Il respecte les idées reçues comme il respecte les règles de la société; et il ne les transgresse jamais, même en imagination. La saveur de la madeleine ne déclenche rien chez lui, et il ne perdra pas son temps à la recherche du temps perdu. Mais il a quand même perdu quelque chose : cette normalité est une carence qui frappe surtout sa vie fantasmatique. »

psychanalystes et les antipsychiatres nous disent que c'est un *grand malade*. En théorie, comment leur donner tort ? Mais, dans la pratique, il en va bien différemment : normal et anormal gardent un sens descriptif et appréciatif voisin de celui que véhicule l'idéologie dominante. L'*anormalité*, la *marginalité* demeurent un luxe de riches. Les hôpitaux psychiatriques sont là pour le rappeler.

Pour conclure

Aucun nouveau départ n'est prévisible. La nouveauté suprême consisterait-elle à le reconnaître ?

Kostas AXELOS.

Si le portrait psychologique de l'homme de la modernité que nous avons tracé est correct, que pouvons-nous légitimement espérer ? Peu de chose — ce qui ne signifie pas qu'il ne faille rien entreprendre. Reste que, surcontrôlé de l'extérieur, autocontrôlé de l'intérieur, l'homme de la modernité, décorporalisé, désexualisé, hypernormalisé, sera, quoi qu'il en ait, de plus en plus, l'image même de l'homme administré coulant une existence paisible dans des sociétés d'abondance totalitaires — sans jamais prendre conscience que, si ses besoins y sont satisfaits, c'est au détriment de sa vie même.

Dans nos modernes médiocraties, le conformisme individuel et social, sous quelque bannière qu'il se range, de même que l'intolérance à toute différence[1], exerceront des ravages.

1. « Ni nègre, ni juif, ni femme, ni chilien, cet homme éprouve quelque amertume : il se sent abandonné de la providence ou, si l'on veut, de la mode. Alors, il essaie de la séduire en jetant bas le masque et en suggérant prudemment — mais bientôt il aboiera — qu'il faut brûler le nègre, le juif, etc. » François BOTT.

Dans une vision prophétique, le poète grec Dimitri T. Analis a parlé des procès intentés aux êtres humains, quels qu'ils soient, par des OBJETS! « Ce sont les objets *de consommation*, les *gadgets* qui commencent à nous accuser. Tel plastic, tel modèle de voiture ou telle robe nous enverra à l'hôpital psychiatrique ou à l'hôpital/prison. Imaginez le procès! C'est Kafka plus le surréalisme, plus l'extrême décadence de l'humain. »

Dans ce monde où l'essentiel sera — est déjà — de vivre et de mourir *petitement* et *convenablement*, il y aura certes pas mal de bouffonneries — locales et *mondiales* —, réponses inévitables à l'inextinguible ennui et à l'insatiable attente de ce qui ne doit pas venir. Il faudrait ici poser la question de la fin de l'histoire et renvoyer le lecteur à l'œuvre de Kostas Axelos[1], le seul penseur, à notre connaissance tout au moins, qui ait abordé dans une perspective ouverte et autrement vaste que nos modestes approximations psychologiques la critique de nos petites mythologies compensatoires. Le seul penseur à avoir brisé les faux idéaux, les valeurs-fétiches pour en révéler le vide sonore. Comme l'a écrit Jean-Michel Palmier, la pensée du désert ne lui fait pas peur; « il le regarde en face et tire de cette contemplation une certaine sérénité ». Car ce désert

1. Tous ses ouvrages ont été publiés aux Editions de Minuit, dans la collection « Arguments ».

dans lequel nous vivons est encore trop plein : c'est celui de la modernité, de la *vache multicolore* dont parle Nietzsche — et ce qu'Axelos réclame, c'est le souffle glacial de la pensée. A ceux qui cherchent quels nouveaux jeux il faut inventer pour vivre et pour ne pas s'apercevoir du caractère vétuste et dérisoire de nos idéaux, il rappelle seulement la parole de Nietzsche : « Du fond de votre automne, je vous prédis un hiver et une pauvreté glaciale. »

Comment, en effet, ne pas voir avec Axelos que la révolte et la contestation contemporaines — pour motivées qu'elles soient — les petites révolutions et les grandes critiques — dans l'esprit du temps, contre l'esprit du temps — nous empêchent le plus souvent de nous rendre compte que tout est réglé quasi normalement, tenu en place, et que c'est par là où on veut le fuir que le destin frappe le plus implacablement ?

Dans l'hiver et dans la pauvreté glaciale qui nous attendent, ce poème de Torres Bodet, *Civilisation*, sera notre dernier acte de foi; mais qui l'entendra encore ?

CIVILISATION

par Torres Bodet

Un homme meurt en moi toutes les fois
Qu'un homme meurt quelque part assassiné
Par la peur et la hâte d'autres hommes.
Un homme comme moi : pendant des mois
Caché dans les entrailles d'une mère
Né comme moi
Entre l'espérance et les larmes
Triste d'avoir joui
Et fait de sang et de sels et de temps et de rêves.
Un homme qui voulut être plus qu'un homme
Capable de léguer joyeusement ce que nous
[laissons aux hommes à venir
L'amour, les crépuscules et les femmes
La lune, la mer, le soleil, les semailles,
Des tranches d'ananas glacées
Sur les plateaux de laque de l'automne,
Le pardon dans les yeux,
L'éternité d'un sourire,
Et tout ce qui vient et qui passe
L'angoisse de trouver
Les dimensions d'une complète vérité.
Un homme meurt en moi, chaque fois qu'en Asie
Ou sur le bord d'un fleuve
D'Afrique ou d'Amérique
Ou au jardin d'une ville d'Europe
La balle d'un homme tue un homme

Et sa mort défait
Tout ce que je croyais avoir hissé
En moi sur des roches éternelles :
La foi en mes héros
Mon goût de me taire sous les pins
L'orgueil que j'avais d'être homme
En entendant mourir Socrate dans Platon,
Et jusqu'à la saveur de l'eau, et jusqu'au clair plaisir
De reconnaître que deux et deux font quatre
Car de nouveau tout est mis en doute
Tout
De nouveau s'interroge
Et pose mille questions sans réponse
A l'homme où l'homme
Pénètre à main armée
Dans la vie sans défense d'autres hommes.
Soudain brûlées,
Les racines de l'être nous étranglent
Et plus rien n'est sûr de soi
Ni dans la semence le germe,
Ni l'aurore pour l'alouette
Ni dans le roc le diamant
Ni dans les ténèbres l'étoile
Lorsqu'il y a des hommes qui pétrissent le pain de
[leur victoire
Avec la poussière sanglante
D'autres hommes.

Table

Écrire, c'est dialoguer avec autrui en soi

notre premier lecteur, c'est donc cet autre en nous, cet autre nous-même, cette altérité du je qui écrit.

MAME IMPRIMEURS À TOURS (1-94)
D. L. 4e TRIM. 1978. No 5010-5 (31464)